조선왕조실록 1

한국고전문학읽기 44

조선왕조실록 1

전윤호 글 | 경혜원 그림

주니어김영사

삶을 일깨우는 고전 읽기

'고전(古典)'은 오래된 책이다. 시대를 뛰어넘어 꾸준히 읽히며 끊임없이 새로운 평가가 더해진다. 우리는 우리나라 고전을 얼마나 읽어 보았을까? 사람들은 대부분 어린 시절 고전을 각색한 전래 동화집을 읽고 자신이 '고전'을 읽었다고 생각한다. 그러다 보니 어린 시절 읽은 각색 동화집이 우리가 읽은 고전의 대부분인 경우가 많다.

그렇다면 어린 시절에, 제대로 쓴 고전 작품을 읽어 보는 것은 어떨까? 하지만 고전은 대부분 고어, 낯선 어구, 한자 등으로 쓰여 있다. 고전 작품을 원문으로 읽으며 내용을 이해하고 파악하는 것은 사실 전문가에게도 쉬운 일이 아니다.

〈한국고전문학읽기〉 시리즈는 우리 역사에 길이 남는 고전들을 소개해 고전의 가치를 되살리고, 어린이와 청소년들이 고전을 부담 없이 재미있게 읽기를 바라는 마음으로 펴내는 시리즈이다. 원전을 쉽게 풀어쓰면서도, 원전이 전달하고자 하는 가치를 훼손하지 않고 충실하게 전달하는 데 주안점을 두었다.

우리나라 대표 시인과 소설가, 동화 작가들이 우리말의 아름다움을 살려, 알기 쉽게 풀어쓴 〈한국고전문학읽기〉 시리즈는 어린이들이 고전의 세계를 한층 가깝게 그리고 흥미롭게 느끼는 계기가 될 것이다.

고전을 읽는 목적은 단순히 옛사람들이 쓴 문학 작품을 읽는 것에 있지 않다. 고전은 우리 삶과 문화 곳곳에 자리하고 있다. 그래서 고전을 읽는다는 것은 우리 역사와 문화를 알아 가는 일이고, 옛사람들이 꿈꾸었던 삶과 지혜를 느끼는 일이며, 우리 문화의 뿌리를 찾는 중요한 일이다.

편집위원 **김유중**

고전이라는 다락방

　고전은 오랜 세월을 견디며 살아남은 책들이다. 사람들은 자신에게 필요 없다고 생각되는 일은 바로 잊어버린다. 그런데 우리가 고전이라고 부르는 책들은 몇백 년의 세월을 거쳐 오면서도 사라지지 않았을 뿐 아니라 항상 우리 가까이에 두고 읽게 된다. 그 이유가 뭘까? 고전은 옛사람들에게나 지금 사람들에게나 모두 귀중한 책이기 때문이다. 홍길동은 조선 시대에서만 영웅이 아니라 지금 우리에게도 필요한 영웅이다. 춘향은 그때나 지금이나 우리에게 사랑의 아름다움을 가르쳐 준다.

　책을 읽으며 우리는 감탄한다. 얼굴도 알 수 없는 수백 년 전의 조상은 어쩌면 이렇게 재미있고 아름다운 이야기들을 쓸 수 있었을까. 얼굴이 못생겼다고 신랑에게 구박 받은 박씨 부인은 지금도 바로 우리 동네에서 함께 사는 사람 같고 공부만 하다가 가난해진 허생은 우리 가족 중의 한 사람 같기도 하다.

　우리는 하루가 다르게 기술이 발전하는 세상에 살고 있다. 하지만 아무리 기술이 발전한다 해도 우리의 마음은 예나 지금이나 그대로이다. 우리 마음속 깊은 곳에는 다른 사람을 사랑하는 마음과 옳은 것을 지키려는 마음이 단단히 자리 잡고 있다. 눈으로 볼 수 없는 그런 사실들을 어떻게 알 수 있을까? 바로 예로부터 내려온 고전들이 지금도 사랑받고 있다는 사실에서 알 수 있는 것이다.

  우리가 사는 집에는 우리가 생활하는 거실이 있고 부엌이 있다. 하지만 잘 살펴보면 평소에는 잘 눈에 띄지 않는 숨겨진 공간도 있다. 그 공간은 방과 방 사이의 공간일 수도 있고 지붕 밑에 있는 다락방일 수도 있다. 고전은 그런 숨겨진 공간들처럼 우리가 마음 놓고 쉴 수 있는 장소가 되어 준다. 가끔은 텔레비전을 끄고 컴퓨터도 멀리하고 고전을 읽는 시간이 필요하다. 왜냐하면 고전은 읽는 사람의 마음을 크게 해 주기 때문이다.

기획위원 전윤호

차례

삶을 일깨우는 고전 읽기 4
고전이라는 다락방 6

태조 11

정종 25

태종 32

세종 40

문종 50

단종 53

세조 58

예종 65

성종 67

연산군 72

중종 76

인종 81

명종 83

선조 94

광해군 118

인조 126

효종 133

현종 138

❀《조선왕조실록 1》해설 – 조선 시대 역사의 총결산 140

태조

이성계가 위화도에서 군사를 돌리다

　1388년은 고려의 우왕이 왕이 된 지 14년이 되던 해였다. 고려는 원나라가 망하고 명나라가 들어서는 틈을 타 북방의 영토를 조금씩 회복하는 중이었다. 그런데 명나라는 고려에게 그동안 차지했던 땅을 내놓고 원나라와 맞댔던 옛날 국경선으로 물러가라고 요구했다. 고구려의 옛 땅을 회복하려고 한 고려는 당연히 반발했다. 우왕과 당시 최고 실력자 최영은 군사를 일으켜 명나라를 쳐서 고구려의 영토였던 만주를 다시 찾으려고 했다.

생각은 좋았으나 고려는 기울어 가는 나라였다. 잇단 전란에 국력은 약해졌고 힘 있는 신하들이 돈과 사람을 독차지해 세력을 키우고 있었다. 우왕과 최영은 이런 힘 있는 신하들이 거느리던 사병들을 동원해 전쟁에 내보냄으로써 신하들의 힘을 약화시키려는 노림수도 있었다. 전쟁을 찬성하는 쪽과 반대하는 쪽이 맞서는 가운데 우왕은 군사를 모았다. 총사령관은 최영이었으나 최영은 평양에서 총지휘를 하고, 실제 군사를 이끌고 나간 건 이성계와 조민수였다. 이성계는 승산 없는 전쟁을 하고 싶지 않았다. 음력 5월 13일 이성계와 조민수가 이끄는 요동 정벌군은 압록강 하류 위화도에 이르렀다. 이때는 한창 장마철이라 계속해서 폭우가 쏟아져 고려의 요동 정벌군은 불어나는 강물만 바라보는 형편이었다.

나라는 어지럽고 대국인 명나라와 승산 없는 전쟁을 해야 한다는 생각이 널리 퍼져 병사들은 자꾸 도망쳤다. 게다가 이성계가 전쟁을 반대해 부하들을 이끌고 본거지인 동북면(함경도 지역)으로 돌아가려 한다는 소문까지 퍼졌다. 이에 조민수가 불안해하자 이성계는 여러 장수를 타일렀다.

"우리가 대국인 명나라를 공격한다면 명나라가 바로 반격할 것이다. 약소국인 고려가 명나라와 싸워 이길 수는 없다. 온 국토가 유린되고 백성은 도탄에 빠질 것이다. 나 이성계가 여러 차례 이런 상황을 들어

왕과 최영에게 회군을 청했으나 들은 척도 하지 않는다. 더구나 최영은 이제 나이가 칠십이 넘은 노인이라 정신이 온전하지 못하다. 모두 함께 회군하여 왕을 직접 만나 사정을 이야기해야 한다. 그래야 백성을 도탄에서 구할 수 있다."

결국 백성을 위한다는 명분으로 오만여 군사를 이끌고 이성계는 돌아섰다. 그때 모든 군사를 다 내보낸 우왕과 최영은 이성계에 맞설 군사가 없었다. 회군한 이성계는 실권을 잡은 뒤 최영을 귀양 보내고 명나라와 친해지는 정책을 추진했다.

이성계는 요동 정벌을 논의할 때 반대하는 이유를 네 가지로 들었다.

첫째, 작은 나라가 큰 나라를 거역하는 것은 옳지 못하다.

둘째, 여름에 군사를 모으는 것은 옳지 못하다.

셋째, 온 나라 군사를 모아 멀리 나가면, 그 허술한 틈을 타고 왜구들이 쳐들어온다.

넷째, 지금이 한창 장마철이라 병사들은 역병에 걸리기 쉽고, 활은 아교가 풀어져서 사용할 수가 없다.

경제를 개혁하여 백성의 지지를 받고 왕이 되다

군사를 돌린 이상 이성계에게 다른 선택은 없었다. 살아남으려면 백성의 호감을 사야 했다. 그래서 이성계가 힘을 쏟은 것이 경제 개혁이었다. 백성의 먹고사는 문제를 풀어 주어야 했다.

이에 이성계는 대규모 토지 조사를 단행하여 귀족들이 가진 땅을 빼앗아 버렸다. 기존의 토지 문서를 불태우고 새로운 토지 문서를 만들었다. 그렇게 함으로써 고려를 지지하는 세력들의 힘을 누르고 자신들의 힘을 키울 수 있었다. 그리고 땅을 돌려받고 노비에서 양민으로 신분이 바뀐 백성은 이성계를 지지하게 되었다.

1392년 7월 17일 이성계는 왕위에 올랐다. 바로 조선의 1대 왕인 태조가 된 것이다.

태조는 1335년 10월 11일 영흥 흑석리에서 이자춘의 둘째 아들로 태어났다. 나면서부터 총명하고 지략과 용맹이 남달랐다. 젊었을 때는 담 모퉁이에 있는 다섯 까마귀를 보고 단 한 번 활을 쏘니 다섯 까마귀의 머리가 모두 떨어졌다. 그 활쏘기는 신묘했다.

태조는 두 명의 부인을 두었다. 첫째 부인은 신의 왕후 한씨로 6남 2녀를 낳았고, 둘째 부인은 신덕 왕후 강씨로 2남 1녀를 낳았다.

태조는 7년 동안 왕위에 있다가 1398년 둘째 아들 정종에게 왕위를 물려주고 태상왕으로 물러났다. 1408년 일흔네 살에 세상을 떠나 양주 망우리의 건원릉에 묻혔다. 이성계는 건국 시조이기 때문에 태조라 한다.

원래 태조의 집안은 전주 이씨 일족으로 전주 지역의 호족이었으나

중앙에서 권력 투쟁에 패배하자 동북면으로 옮겨 갔다. 아버지 이자춘은 공민왕에게 적극 협력하여 원나라가 차지하고 있던 쌍성총관부를 되찾는 데 크게 공헌했다. 당시 중원은 명과 원이 싸우고 있는 불안한 상태였기 때문에 이자춘이 차지하고 있던 동북면의 중요성이 더욱 커질 때였다. 고려에서 밀려났던 이자춘의 집안은 다시 고려의 중요한 세력이 되었다.

이런 고려 말의 혼란으로 태조 이성계는 변방의 이름 없는 장수에서 고려의 제일가는 장수로 변할 수 있었다. 특히 남쪽으로 계속 침입해 오는 왜구를 토벌하여 백성의 인기를 얻었다. 그런 태조에게 유학을 공부한 학자들이 부하로 들어와 태조는 힘을 키우게 되었다. 고려에 실망하고 있던 지식인들이 태조 밑으로 들어가 새로운 나라를 꿈꾸었던 것이다. 고려는 불교가 국교인 나라였다. 나라가 어지러워지자 경제적으로 이권을 가진 불교계의 부패가 문제가 되던 차에 유학을 익힌 지식인들이 이성계를 지지함으로써 조선은 유학의 나라가 되었다.

조선의 건국 정책

조선의 건국 이념은 숭유억불, 중농주의, 사대교린으로 설명할 수 있다. 숭유억불은 유교를 숭상하고 불교를 누른다는 뜻이다. 군인 출신인 태조의 참모들은 유학을 익힌 지식인들이었다. 그들은 고려의 국

교였던 불교가 국가의 비호 아래 지나치게 성장하여 오히려 나라의 기반을 약화시켰다고 생각했다. 이를 대체할 이념으로 유학인 주자학을 내세웠고 당시 많은 땅과 노비를 거느리고 있던 불교 사원은 이것들을 나라에 도로 반납해야 했다. 결국 불교는 조선 시대 내내 조정의 견제를 받게 되었다.

중농주의는 당시 대다수 백성이 농업에 종사했기 때문에 농업을 중요하게 여겼다. 이를 위해 토지 개간을 권장하고 농업에 걸리적거리는 상업과 공업은 억제했다.

사대교린은 조선의 외교 정책이었다. 큰 나라인 명을 받들어 섬기고 이웃 나라인 여진이나 일본과는 화평하게 지냈다. 조선은 명나라와 친선을 유지함으로써 선진 문물을 수용하고 조선의 체제 정비와 유교 문화를 확산시켜 나갔다.

태조는 한상질을 보내 중국 남경에 가서 조선과 화령으로 나라 이름을 청했다. 명나라는 '조선의 칭호가 아름답고 또 이것이 전해진 지 오래되었으니 그 명칭을 근본하여 본받을 것이며, 하늘을 본받아 백성을 다스려 후손을 영원히 번성케 하라.' 했다.

조선이 명나라에 고개를 숙였지만 마냥 불리한 것만은 아니었다. 조선은 외교로 압록강 이남의 땅을 영토로 인정받았고 명나라와 교류를 통해 경제적인 이득과 새로운 학문을 받아들였다. 그래서 명나라에서

오지 말라고 해도 계속 사신을 파견했다. 사신은 명나라를 드나들면서 앞선 문명을 배웠다.

여진이나 일본은 조선보다 뒤처진 나라로 보았기 때문에 너무 가까워지지도 너무 멀어지지도 않는 방식을 택했다. 그들은 걸핏하면 국경을 침범했기 때문에 충돌을 피하기 위해서는 화평하게 지내는 것이 최선이었다.

태조는 고려의 영향력을 지우기 위해 도읍도 새로 정했다. 개성에서 벗어나려고 처음에는 계룡산 부근을 골랐다. 그러나 그곳을 도읍으로 정하기엔 적절하지 않다는 의견이 많았다. 태조는 다시 곳곳을 알아보다가 한양을 새로운 도읍지로 정하고 백성을 동원해 성곽을 쌓고 궁궐을 세웠다.

고려의 마지막 충신 정몽주

정몽주는 1337년 경상도 영천에서 태어났다. 정몽주의 어머니가 꿈에 난초 화분을 안았다가 갑자기 떨어뜨리고는 놀라서 잠을 깼는데 이것이 그의 태몽이었다. 그리고 꿈에 나온 난초 화분 때문에 정몽주의 어렸을 때 이름은 '몽란'이었다.

정몽주는 공민왕 때 몇 번 치른 과거에서 잇따라 장원을 차지하여 이름을 떨치고, 당대 최고의 학자 이색의 문하에서 정도전 등과 공부했다. 1362년 예문관의 검열로 관직에 첫발을 디딘 뒤 여러 관직을 거쳐 1367년 성균관 박사, 1375년 성균관 대사성에 올랐다. 정몽주가 성균관 박사로 있을 때 유교 경전을 강의했는데 그 내용이 이상하다고 의심한 사람들이 있었다. 그 이유는 당시 고려에 들어온 경서는 《주자집주》밖에 없었기 때문에 그 책만 읽어서는 알 수 없는 내용이었던 것이다. 그런데 뒤에 다시 중국에서 들어온 경전이 정몽주의 강의 내용과 같아서 그제야 사람들이 정몽주의 학문이 깊다는 것을 인정했다.

스승 이색은 정몽주에 대해 이렇게 칭찬했다.

"학문에서 어느 누구보다 부지런했고, 가장 뛰어났으며, 몽주의 논설은 어떤 말이든지 이치에 맞지 않는 것이 없다."

또 정몽주보다 다섯 살 어린 후배였던 정도전은 이렇게 말하며 존경을 표했다.

"여러 학생이 서로 다른 의견을 내면 선생은 그 질문에 따라 명확히 설명해 주는데 정답에서 벗어나지 않았다."

정몽주와 정도전은 함께 학문을 배운 가까운 사이로 정도전에게 많은 영향을 주며 '마음을 같이한 벗'의 맹세를 나누었으나 훗날 서로 적이 되고 말았다.

명나라가 원나라의 땅을 돌려 달라고 했을 때였다. 전쟁을 주장하는 최영 파와 외교로 풀자는 이성계 파로 나뉘었을 때 정몽주는 이성계 파와 의견을 함께했다. 위화도 회군으로 권력을 장악한 이성계가 창왕을 폐하고 공양왕을 옹립할 때에도 뜻을 같이했다. 공양왕을 세운 공으로 정몽주는 승진하고 공신에 오르기도 했다. 그러나 정몽주는 이성계를 왕으로 세우려는 움직임이 분명해지자 더 이상 같은 길을 갈 수 없다고 판단했다. 고려를 개혁해야 한다는 생각은 같았고, 잘못된 왕을 폐할 수도 있다고 생각했지만 고려 왕조는 지켜야 한다는 게 정몽주의 신념이었다. 그래서 정몽주는 역성혁명을 꿈꾸는 이성계, 정도전과 적이 되었다.

1392년 3월, 명나라에서 돌아오는 세자를 맞이하고 해주로 간 이성계가 사냥하다 말에서 떨어져 위독하다는 소식이 들려왔다. 정몽주에게는 더할 나위 없이 반가운 소식이었다. 이 기회에 이성계 일파를 제거해야만 고려의 사직을 보존할 수 있다고 판단한 정몽주는 우선 언관(임금의 잘못을 간하고 백관의 비행을 규탄하던 벼슬)들을 시켜 정도전, 조준, 남은 등 이성계 일파를 탄핵하는 상소를 올리게 했다. 그렇게 해서 유배 중이던 정도전을 감금시키고 조준, 남은, 윤소종 등을 귀양 보냈다.

이 소식을 들은 이성계의 다섯째 아들 이방원이 이성계가 머무는 해주로 급히 달려가 이성계를 재촉하니, 이성계는 다친 몸을 가마에 싣고 그날로 돌아왔다. 정몽주는 상황을 살피기 위해 병문안을 핑계로 직접 이성계를 방문했다. 이성계는 평소와 다름없이 정몽주를 맞았지만 이방원의 생각은 달랐다. 그날 이방원은 정몽주의 마음을 떠보기 위해 술자리를 만들고 〈하여가〉라는 시조를 읊었다.

    이런들 어떠하리 저런들 어떠하리.
    만수산 드렁칡이 얽혀진들 어떠하리.
    우리도 이같이 얽혀서 백 년까지 누리리라.

세상의 변화에 순응하면서 뜻을 같이해 나가자는 말이었다. 하지만 정몽주는 이렇게 대답했다. 〈단심가〉라고 불리는 시조이다.

    이 몸이 죽고 죽어 일백 번 고쳐 죽어
    백골이 진토 되어 넋이라도 있고 없고
    님 향한 일편단심이야 가실 줄이 있으랴.

정몽주를 설득할 수 없을 거라고 판단한 이방원은 부하들을 보내 집으로 돌아가는 정몽주를 공격해 죽였다. 정몽주가 죽은 곳은 개성의 선죽교였는데 정몽주의 붉은 핏자국이 지워지지 않아 사람들은 충신의 마음을 나타내는 것이라고 생각했다. 이때 정몽주의 나이는 쉰여섯 살이었다.

이방원은 정몽주가 죽은 뒤 13년이 지난 1405년, 정몽주를 영의정에 추증하고 익양 부원군에 추봉했으며 문충이라는 시호를 내렸다. 새 나라의 기틀을 다지는 조선에도 정몽주 같은 충신이 필요했기 때문일 것이다. 정몽주의 학문과 생각은 조선의 사림파에게 이어졌다.

정종

왕자의 난

태조 이성계에게는 두 명의 부인이 있었고, 많은 아들이 있었다. 이미 장성한 아들들은 군사를 이끌고 아버지가 왕이 되는 데 많은 공을 세웠다. 정종은 태조의 둘째 아들로 열일곱 살 때부터 태조를 따라 전쟁터를 누비며 공을 세웠다. 스물한 살 때는 태조와 함께 지리산으로 침입한 왜군을 크게 무찔렀다. 키가 크고 용감했으며 지략이 남보다 뛰어났다. 다섯째 아우 방원과 함께 태조가 왕이 되는 데 많은 공을 세웠지만 개국 공신을 뽑을 때는 방원과 함께 그 명단에서 빠지게 되었을 뿐

만 아니라 태조의 심복인 정도전에게 심한 견제를 받게 되었다.

태조는 다 큰 아들들이 있음에도 불구하고 막내인 방석을 세자로 삼았다. 그 까닭은 방석을 낳은 신의 왕후를 사랑했기 때문이었다. 태조는 정도전에게 실권을 주어 세자를 보필하게 했다. 정도전은 세자를 왕으로 세우기 위해서 다른 왕자들을 없애려 들었다. 마침 태조가 병이 들어 요양을 떠나게 되자, 정도전은 이를 틈타 왕자들을 모두 불러 없애려고 했다. 그런데 정종이나 방원 같은 왕자들은 호락호락하게 당하지 않았다. 오히려 군사를 일으켜 정도전을 죽이고 방번과 방석 두 왕자를 죽였다. 이것이 1차 왕자의 난이다. 이때부터 태조는 힘을 잃고 실권은 방원이 쥐게 되었다. 방원은 왕이 되려는 야심을 가지고 있었지만 이미 난을 일으켜 다른 왕자를 죽인 처지에 왕이 된다고 나설 수가 없어 기회만 노렸다.

1398년 정종이 왕이 되었다. 정종은 태조와 그의 신하들을 견제하기 위해서 도읍을 한양에서 다시 개경으로 옮겼다. 그리고 노비변정도감을 설치해서 억울하게 노비가 된 사람들을 풀어 주었다. 하지만 정종은 늘 불안했다. 진정한 실력자는 아우 방원이었기 때문이다. 그러다가 방원과 방간이 왕위를 노리고 서로 싸움을 벌였다. 이것이 2차 왕자의 난이다. 그때 정종의 사병 중 한 무리가 방간의 편에 섰다. 싸움은 방원의 승리로 끝나고 정종은 결국 1400년 11월 방원에게 왕위를 물려주고 상왕으로 물러났다.

정도전

정도전은 조선 건국에 많은 공을 세운 사람이다. 이성계는 본디 싸움에는 능한 장수였다. 그러나 나라를 세우려면 지략이 뛰어난 참모가 필요했다. 힘으로 나라를 뺏을 수는 있지만 뺏은 나라를 다스리는 것은 힘으로 할 수 없기 때문이다. 정도전은 이성계에게 바로 그런 참모였다.

정도전은 고려 충혜왕 때인 1342년에 태어났다. 지방에서 말단 벼슬을 하던 집안인지라 지배층이라기보다는 일반 백성에 가까웠다. 게다가 어머니 쪽과 아내는 서얼이었다. 이 때문에 정도전은 평생 근본이 미천하다는 평판을 안고 살았다.

정도전은 이색의 제자가 되어 유학을 공부했다. 그때 함께 공부한 사람 중에 정몽주가 있었다. 정도전은 공민왕 때 과거에 급제하여 벼슬길에 나갔다. 공민왕이 원나라의 간섭에서 벗어나 새로운 고려의 중흥을 위해 젊은 인재를 많이 발굴하던 무렵, 정도전도 그 능력을 인정받아 벼슬길이 열렸다. 성균관 책임자가 스승인 이색이었기 때문에 정도전은 성균박사로 5년 동안 일했다. 하지만 왕이 바뀌고 다시 원나라와 친한 세력이 정권을 잡자 정도전은 원나라와 가까워지는 정책에 반

대하는 상소를 올렸다가 벼슬을 잃고 귀양을 떠났다. 그 뒤로 9년 동안 귀양살이를 하면서 백성의 어려운 삶을 직접 느끼게 되었다.

정도전이 이성계를 만난 것은 왜구를 치기 위해 출전한 이성계에게 직접 찾아가 부하가 될 것을 청했기 때문이다. 그 뒤 정도전은 이성계의 도움으로 다시 벼슬길에 올랐으나 고려는 이미 희망이 없다고 보았다. 그러므로 새로운 나라를 세워야 한다고 생각했다. 그런데 이런 생각은 스승인 이색과 정몽주 같은 학자들과는 반대되는 것이었다. 고려를 지키려고 했던 사람들은 정도전이 집안도 볼 것 없는 데다 나쁜 생각을 품었다 하여 정도전에게 등을 돌렸다. 1392년에 조선이 건국된 것은 정도전이 이성계를 찾아간 지 9년 만의 일이었다.

정도전의 사상은 정도전이 지은 《조선경국전》에도 잘 드러나 있다. 정도전은 왕이 중심이 아니라 재상이 중심이 되어 나라를 다스리는 세상을 바랐다.

조선이 건국된 후 이성계의 신임을 받으며 정도전은 태자를 보위하는 책임도 맡게 되었다. 정도전이 가장 중요하게 생각한 것은 군대를 다스리는 병권이었다. 왕자들을 비롯한 많은 사람들이 사사로이 병사들을 거느리고 있어서 나라에 큰 위협이 되었다. 정도전은 이런 사병을 모두 나라에 귀속시키려고 했다. 그리고 세자가 왕이 되는 데 걸림돌이 되는 왕자들을 없애려고 했다. 하지만 그보다 먼저 군사를 일으킨 방원을 비롯한 왕자들에게 패하고 말았다. 그는 1차 왕자의 난 때 잡혀 죽었다. 하지만 정도전을 죽인 방원도 정도전의 생각은 존중하여 조선을 다스리는 기초가 되었다.

태
종

시대의 악역을 맡다

새로운 나라가 들어서면 그 나라를 세운 건국자 이후에도 나라는 지속되어야 한다. 보통 나라를 세우려면 싸움을 잘 하는 장수가 필요하지만, 나라를 잘 다스리려면 머리가 좋은 학자 같은 왕이 필요했다. 태조 이성계의 아들 중 머리가 가장 좋은 아들은 다섯째 방원이었다. 그래서 태조는 아들 중에 과거에 급제한 문관이 나오기를 바랐다. 방원이 아버지의 그런 소망을 이루어 준 아들이었다.

태종은 1367년 함경도 함흥에서 태어났다. 한씨가 점치는 사람에게 태종의 사주를 물어본 적이 있었다.

"이 사주는 귀하기가 이루 말할 수 없으니, 삼가 앞으로 다른 점쟁이에게 경솔하게 이 사주를 물어보지 마십시오."

점쟁이가 대답했다.

태종은 어릴 때부터 총명하고 글 읽기를 좋아하여 열여섯 살 때 과거에 급제했다. 과거에 급제한 뒤에는 뛰어난 인재들과 사귀어 태조가 위화도에서 회군하고 새로운 나라를 일으키는 데 많은 공을 세웠다. 그중에는 고려에 끝까지 충성한 정몽주를 죽이는 일도 있었다. 그런데 태조는 공이 많은 방원을 두고 막내아들을 세자로 책봉했다. 그때부터 아들과 아버지는 서로 적이 되었다. 태종은 두 번에 걸친 왕자의 난을 일으켜 형제들과 많은 공신을 죽인 뒤 1400년 11월에 임금의 자리에 올랐다.

아버지가 만든 나라 조선은 이제 막 출발했기 때문에 기틀이 약했다. 고려에 충성하는 신하들은 반란을 꿈꿨고, 나라를 세우는 데 공을 세운 신하들은 힘을 키워 가고 있었다. 태종은 조선의 기틀을 단단하게 다져 줄 아들에게 왕위를 물려주고 싶었다. 그러려면 많은 사람들을 쳐내야 했다. 태종은 그런 악역을 도맡아 했다. 그런 태종의 노력 덕분에 조선은 세종이라는 위대한 임금의 시대를 맞이할 수 있었고 500년을 이어 가는 나라가 될 수 있었다.

태조는 형제들을 죽인 태종을 미워했다. 태조는 왕위에서 물러나 상왕으로 있을 때 태종이 임금의 자리에 오르자 근거지였던 동북면으로 돌아갔다. 그런데 때맞춰 동북면에서 조사의의 난(안변 부사 조사의가 동북면에서 일으킨 반란)이 일어났다. 태조의 힘을 등에 업고 일으킨 반란이었다. 결국 반란은 진압되었고 태조는 더 이상 힘을 쓸 수 없게 되었다.

태종은 아버지와 싸워 왕이 된 다음에도 큰아들인 세자가 마음에 들지 않는다고 세자를 셋째 아들 세종으로 바꾸었다. 그리고 부인과 부인의 친정이 세도를 부릴까 두려워 처가인 민씨 가문을 모조리 죽여 없앴다. 두 세자의 장인에게도 벌을 내렸다. 이는 모두 왕권을 지키기 위한 일이었다. 이러한 태종의 정치 때문에 위대한 세종의 시대를 열 수 있었다. 1418년 세종에게 왕위를 물려주고 상왕으로 물러난 태종은 몇 년 더 살면서 병권을 휘두르다가 세상을 떠났다.

왕 중심의 정치를 이루다

조선을 건국한 이념을 만든 정도전은 재상이 중심이 된 정치를 가장 좋은 정치라고 생각했다. 왕은 재상을 임명하기만 하고 재상이 나라를 다스리는 정치였다. 하지만 태종의 생각은 달랐다. 왕이 중심이 되어 나라를 다스려야 한다고 생각했다. 고려 때부터 도평의사사(고위 관리

들의 회의)에서 큰 나랏일을 결정했다. 조선에 이르러 도평의사사는 의정부로 바뀌었다. 태종은 의정부를 거치지 않고 신하들에게 직접 보고를 들었다. 판서의 벼슬을 올리고 도평의사사를 없애고 의정부를 새로 만들었다. 의정부에서는 왕에게 조언하는 일만 했다. 이렇게 됨으로 태종은 실제 모든 권한을 쥐게 되었으나 일이 많아져 격무에 매달려야 했다.

외교로 보면 태종은 명나라의 인정을 받는 일도 중요했다. 마침 명나라는 영락제가 조카인 건문제를 죽이고 황제가 되었다. 어딘가 닮은 태종과 영락제는 서로 친하게 지냈기 때문에 명나라로부터 정식 왕으로 인정을 받은 태종은 왕의 권위를 세울 수 있었다.

왕권을 강화하기 위해 힘 있는 자들을 없애다

태종은 왕위를 위협하는 힘 있는 자들을 모두 없애 버렸다. 조선을 건국하는 데 공을 세운 신하도, 왕과 혼인으로 얽힌 처가나 사돈도 의심스러우면 모조리 죽였다.

태종의 왕비 민씨는 매우 강인한 여인이었다. 왕자의 난이 일어나자 태종에게 앞장서서 먼저 나가 싸우라고 할 정도였다. 그런 민씨의 친정은 조선에서 손꼽히는 가문으로 크게 일어났다. 게다가 세자인 양녕 대군이 어린 시절에 외가에서 자랐다. 태종은 세자를 등에 업고 민 씨가 왕권을 위협할지 모른다고 두려워했다. 그래서 거짓으로 아프다고 하면서 세자에게 왕위를 물려주겠다고 했다. 그러자 모든 신하가 반대해서 왕위를 물려주는 것은 자연스레 취소됐다. 그 과정 중에 민씨 형제 두 사람이 세자에게 왕위를 물려주는 것을 좋아했다는 상소를 듣게 되었고 태종은 그 두 사람을 바로 귀양 보냈다. 하지만 그것으로 끝난 게 아니었다. 나머지 형제도 이런저런 죄목으로 귀양을 가거나 벌을 받아 민씨 집안은 결국 망하고 말았다. 양녕 대군의 장인도 귀양을 갔다.

태종은 결국 양녕 대군이 행실이 나쁘다 하여 세자를 충녕 대군으로 바꾸었다. 태종이 세자를 바꾼 것은 다음 왕으로 무인 기질이 있는 왕자보다는 학자 기질이 있는 왕자가 좋겠다고 판단했기 때문이다.

하지만 새로 세자가 된 충녕 대군의 처가도 무사하지 못했다. 세종의 장인은 태종이 세종에게 왕위를 물려준 뒤에도 병권만을 쥐고 있다고 비난했다. 이를 빌미로 태종은 세종의 장인에게 역모를 뒤집어씌워 죽여 버렸다.

나라의 재정을 확보하기 위해 사찰의 재산을 몰수하다

새로 나라를 만들었으나 나라에는 돈이 없었다. 백성에게 거두어들이는 세금으로는 나라를 이끌어가기에 턱없이 부족했다. 그런데 사찰은 많은 땅과 노비를 가지고 있었고 세금을 내지 않았다. 태종 때 조사한 전국 토지의 8분의 1이 사찰의 땅이었다. 그 때문에 승려의 삶은 사치스러웠다. 태종은 진작부터 이 땅을 빼앗고 싶었으나 태조의 오른팔인 무학 대사가 버티고 있어 그럴 수가 없었다. 태조도 말년에는 절을 오가며 불교에 빠져 있었다. 그러다가 1405년에 무학 대사가 죽자 이듬해인 1406년 태종은 전국의 사찰이 가지고 있던 땅과 노비를 빼앗아 버렸다. 그리고 일곱 개로 나뉘어 있던 종파를 교종과 선종으로 정리했다. 사찰을 서른여섯 군데만 남겨 세금을 면제해 주었다. 그 결과 전국 사찰의 재산이 10분의 1로 줄었다.

대마도를 정벌해 왜구의 피해를 줄이다

1418년(태종 18)에 대마도에 큰 흉년이 들었다. 그러자 새로운 대마도 도주가 조선의 해주 지방을 약탈했다. 1419년(세종 1년) 상왕으로 물러난 태종은 대마도를 정벌할 것을 명했다.

"대마도는 본디 우리나라 땅이다. 다만 외지고 작고 누추하여 왜인을 살게 두었더니 우리나라에 침입해 노략질을 일삼고 있다. 그들의 사정을 봐주어 무역을 허락하기도 했는데 이번에 우리 서해 지방을 어지럽히니 더 이상 참을 수가 없다."

태종은 이종무, 영의정 유정현, 의정부 참찬 최윤덕 등에게 명하여 경상도, 전라도, 충청도에 있는 병선 227척과 병사 1만7000명을 거느리고 출병하도록 했다.

　1419년(세종 1) 음력 6월 19일 병사들은 거제도를 출발하여 20일에 대마도에 도착했다. 이종무는 도주 사다모리에게 항복을 권했으나 대답이 없자 왜구를 수색하여 백여 명의 목을 베고 2000채가 넘는 집을 불태웠다. 또 131명의 명나라 포로를 찾아내고 29일에는 70채가 넘는 집에 불을 질러 명나라 사람 15명과 조선 사람 8명을 구했다.

　태종은 병조 판서 조말생으로 하여금 대마도 도주에게 항복 문서를 보내도록 했다. 대마도는 예부터 조선의 땅이었으니 본국으로 돌아가든지 항복하든지 선택하라는 문서였다. 위기를 느낀 대마도 도주는 결국 항복하고 조선의 관직을 내려 줄 것을 바랐다. 태종은 이를 허락하고 군대를 거두어들였다.

　그 뒤 대마도는 조선에 편입되어 조선 왕이 관직을 내려주었다. 이 때문에 왜구의 침입이 잦아들었으며, 일본인들과 평화적으로 무역과 왕래가 가능한 정책의 기틀이 마련되었다.

세
종

글 읽기를 즐겨 한 세자

　세종의 이름은 도이고, 자는 원정이다. 태종의 셋째 아들로 어머니는 원경 왕후 민씨이다. 1418년 8월 10일 스물두 살의 나이로 조선의 4대 왕으로 등극했다. 세종은 세자로 책봉된 지 7일 만에 경복궁 근정전에서 임금의 자리에 올랐고, 그 뒤 4년 동안은 태종이 실권을 쥐었다.

　세종은 어려서부터 글 읽기를 좋아하여 일백 번씩 읽고 또 읽었다. 책 내용을 속속들이 알기 위해 읽고 또 읽었다. 기억력이 뛰어나 한 번 본 것은 절대 잊지 않았다. 이렇듯 세종은 끝없는 글 읽기와 학문 탐구로 유학에 정통하게 되었고, 유학자로 이루어진 신하들을 심복으로 삼고 정치를 이끌어 나갔다. 아버지 태종도 이런 세종의 장점을 높이 사, 형 양녕 대군을 대신하는 세자로 세웠던 것이다.

세종은 높은 자리에는 원로대신을 앉히고 그 밑에는 자신이 직접 뽑은 신진을 앉혀 원로와 신진의 조화를 이루었다. 또한 앞선 중국 문물을 연구하여 조선의 실정에 맞게 활용했다.

집현전 설치

세종은 아버지 태종이 임명한 신하들에 둘러싸여 있었다. 왕으로서 강력한 권한을 행사하려면 자신을 따르는 신하들이 있어야 했다. 조정에는 태종을 도와 공신이 된 원로가 많았다. 이들이 태종에게는 충성을 다할지라도 세종에게는 어찌할지 알 수 없었다.

그리하여 1420년(세종 2) 3월 16일 세종은 새로운 인재를 키웠다. 집현전의 인원수를 정하고 관원을 앉혔다. 영전사, 대제학을 비롯해 정일품에서 정구품까지 많은 관원을 두었다. 젊고 학식 있는 집현전 관원은 학문을 연구하고 왕의 자문을 맡았다. 이에 세종은 관원이 학문 연구에 힘을 쏟도록 다른 벼슬자리로 보내지 않았다. 집현전 관원은 성균관과 4학의 교수와 함께 후진을 가르치는 일도 맡았다.

세종을 대신하여 글을 짓기도 하고 언론 기관의 언론 활동을 감시하기도 했다. 세종은 사가독서를 내려 유능한 관원에게 휴가를 주어 독서당에서 글 읽기와 학문 연구에 매진하게 했다.

한글 창제

세종이 친히 언문(한글을 속되게 이르던 말) 28자를 지었는데, 옛 전자

(한자 서체 중 하나)를 본뜨고 초성·중성·종성으로 나누어 합친 뒤에야 글자가 이루어졌다. 한자와 우리나라 말을 모두 쓸 수 있고, 글자는 비록 간략하지만 전환이 무궁하니 이것을 훈민정음이라고 일컬었다.

세계에서 가장 독창적이고 과학적인 훈민정음이 1443년(세종 25)에 만들어지고 1446년에 반포되자 조선에서는 큰 변화가 일어났다. 비로

소 우리 민족은 고유한 문자를 가지게 되었고 민족 문화를 꽃피울 수 있게 되었다. 이제 일반 백성도 글을 읽고 쓸 수 있도록 한 한글이 널리 보급되어 조정에서도 백성과 직접 소통할 수 있게 되었다.

훈민정음은 매우 과학적이고 독창적으로 누구나 쉽게 배우고 익힐 수 있는 28자의 표음 문자이다. 세종과 집현전 신하들은 한글을 만들기 위해 소리를 연구하는 음운학을 공부했고 다른 나라의 언어 전문가를 찾아가 배우기도 했다. 그런 까닭에 지혜로운 사람은 아침나절이 되기 전에 이를 이해할 수 있고, 어리석은 사람도 열흘 만에 배울 수 있다. 어디를 가더라도 글자가 통하지 않는 곳이 없어서 바람 소리, 학의 울음소리, 닭의 울음소리나 개 짖는 소리까지 모두 표현하여 쓸 수 있게 되었다. 또한 훈민정음의 창제로 국문학이 발달하고 국가의 통치 이념을 백성에게 직접 전할 수 있었다. 그리고 한글을 보급시키기 위해 왕실 조상의 덕을 칭송하는《용비어천가》, 부처의 덕을 기리는《월인천강지곡》등을 지어 한글로 간행했으며 불경, 농서, 윤리서, 병서 등을 한글로 옮겨 편찬했다.

또 중앙 집권과 국방 강화를 위해 지리지와 지도 편찬에도 힘썼다. 전국 지도로〈팔도지리지〉와〈신찬팔도지리지〉를 펴냈다. 모범이 될 만한 충신, 효자, 열녀 등의 행적을 그림으로 그리고 설명을 붙인 윤리서인《삼강행실도》와《소학》등도 편찬했다.

음악과 천문학의 정비

세종의 중요한 문화적 업적은 음악을 정비한 것이다. 유학에서 말하는 음악은 백성을 선한 곳으로 이끄는 수단인 동시에 자연의 이치인 도를 나타내는 수단이다. 그래서 아악(종묘 제례나 국가 의례 때 연주하던 음악)을 정리하고 신악(예부터 전해 내려오던 음악을 새로 편곡하거나 작사한 것)을 제정했다. 이런 새로운 음악의 제정으로 새 악보가 필요하게 되었고 이에 따라 〈정간보〉라는 악보가 탄생했다.

또한 세종은 부국강병과 민생 안정을 위해 과학 기술의 중요성을 깨닫고 그에 대한 지원을 아끼지 않았다. 특히 가뭄이나 홍수와 같은 자연재해를 막으려고 천문학을 연구했다. 한 해 농사를 망친다면 사회 전체가 심각한 타격을 입기 때문에 언제 씨를 뿌리고 거두어들일지 정하는 데 천문을 관측하는 일은 매우 중요한 일이었다. 천문을 관측하기 위해 사용한 중국 달력은 중국과 조선의 기후가 달라 불편할 수밖에 없었다. 이에 당나라와 원나라의 달력을 연구하여 《칠정산내편》과 《칠정산외편》을 만들었다. 중국과 조선의 절기가 다른 이유를 찾기 위해 하늘의 운행을 관측할 기구가 필요하여 간의와 혼천의를 만들었다. 해시계인 앙부일구, 물시계인 자격루, 강우량을 측정할 수 있는 측우기, 토지를 측량하는 인지의도 만들었다.

영토 확장

우리 민족에게 북방은 삶의 터전이며 영토의 경계이다. 북방에 살고 있던 여진족에 대해서는 온건책과 강경책을 번갈아 써 왔다. 귀순해 오는 여진족에게는 땅과 벼슬, 이름과 성을 내리고 살도록 했고, 그렇지 않은 여진족에게는 성을 쌓고 군사를 보내 정벌했다.

1443년(세종 15) 세종은 최윤덕을 평안도 도절제사로 삼고 황해와 평안도에 군사 1만 5000여 명을 보내어 여진족을 정벌케 했다. 그리고 여연과 강계 중간에 위치한 자작리에 성을 쌓아 자성군을 설치하도록 했다. 그 뒤 이천으로 하여금 군사 팔천을 거느리고 오라산성 등 여진족의 근거지를 공격하게 했다. 세종은 영토 문제에 있어서는 조금도 물러설 생각이 없었다. 여진족을 북방으로 내쫓고 무창, 우예 등 4군을 설치하게 했다.

동북면은 조선 왕조의 고향이었기 때문에 왕실에서도 관심이 높은 곳이었다. 그러나 이 지역에 살던 우디거 족과 오도리 족은 자주 변방을 침입하여 약탈을 일삼았다. 세종은 기회를 엿보다가 여진족 사이에서 내분이 일어나 우디거 족이 오도리 족 족장을 죽이는 사건이 일어나는 틈을 타서 1435년(세종 17) 김종서를 함경도 도절제사로 보내 여진족을 정벌하도록 했다. 김종서는 종성, 횡령, 경원, 경흥, 온성, 부령 등 육진 개척에 성공했다.

한편 세종은 수군을 강화하여 왜구의 노략질을 막고 왜구의 근거지인 대마도를 정벌하도록 했다.

정치 제도의 정비

태종은 모든 나랏일을 친히 관장하는 육조 직계제를 폈다. 이와 달리 세종은 나랏일을 의정부에 넘겨 처리하도록 하는 의정부 서사제를 폈다.

6조에서 올라오는 모든 일을 영의정, 좌의정, 우의정 삼정승이 중심이 되는 의정부에서 논의한 다음 합의한 일을 왕에게 올려 왕의 허락을 받았다. 인사와 군사에 관한 일은 세종이 직접 맡았다. 그 결과 왕권과 신권의 조화를 바탕으로 한 균형 있는 정치가 이루어졌다.

황희

황희는 오랜 세월에 걸쳐 여러 왕을 도와 나라를 잘 다스렸다. 특히 우리 역사상 가장 위대한 임금인 세종 대왕 때 재상을 지냈기 때문에, 세종이 황금시대를 이루는 데에는 황희의 공도 있다.

고려때 과거에 급제하여 성균관에서 일했으나 1392년 고려가 망하자 칠십여 명의 신하와 함께 벼슬을 버리고 두문동에 숨어 살았다. 그러나 조선을 세운 태조는 함께 일할 사람이 모자랐기 때문에 그들에게 다시 돌아와 일해 줄 것을 바랐다. 두문동 사람들은 둘로 나뉘었다. 조선으로 나가 벼슬을 한 사람과 끝까지 고려에 충성을 바친 사람이었다. 황희는 벼슬을 한 사람에 속했다.

태종 때 황희는 이조 판서가 되었다. 세자인 양녕 대군이 하도 문제를 일으켜 세자에서 쫓겨날 때 끝까지 반대했다가 태종의 미움을 사는 바람에 귀양을 갔다. 그의 주장은 맏아들에게 왕위를 물려주어야 나라가 편안하다는 것이었다. 그러나 태종도 맏아들이 아니었기 때문에 황희와 생각이 달랐다. 1422년(세종 4) 황희는 다시 예조 판서에 올랐다. 세종은 비록 황희가 자신의 세자 책봉을 끝까지 반대했지만 황희의 능력을 믿었다. 위대한 왕과 위대한 신하의 만남이었다. 1427년 황희는 좌의정이 되었으나, 사헌부의 탄핵을 받고 물러나 파주 반구정에 은거했다. 1431년 다시 세종의 부름을 받고 1449년 벼슬에서 물러날 때까지 18년 동안 영의정으로 세종을 도와 나라를 이끌었다.

황희는 성품이 강직하고 청렴했으며, 사리에 밝고 정사에 능해 역대 왕들의 신임을 받았지만 때로는 소신을 굽히지 않아 미움을 사는 바람에 좌천과 파직을 거듭했다. 그는 오랜 벼슬살이 동안 조선 초기의 기틀을 바로잡는 데 힘을 기울였다. 세종과 신하들 사이의 갈등을 풀어 주는 등 세종을 도와 태평성대를 이루는 데 크게 기여했다.

문종

    1450년(세종 32) 2월 23일 문종은 조선의 5대 왕에 올랐다. 문종의 이름은 향이고, 자는 휘지이다. 세종의 맏아들로 어머니는 소헌 왕후 심씨였다. 수양 대군과 안평 대군이 친아우이다. 문종은 왕이 되었을 때 이미 나이가 서른일곱 살이었고 아버지 세종을 대신해 국정을 맡은 기간이 5년이나 되었다.

    문종은 천성이 학문을 좋아하고 문장이 아름다웠다. 특히 글씨를 잘 썼다. 효성이 지극하여 세종이 앵두를 좋아하자 문종은 직접 앵두 나무를 심을 정도였다. 나중에는 궁궐에 앵두나무가 가득했다.

문종은 학문만 좋아한 것이 아니라 병법에도 관심을 기울여 진법(전투를 치르기 위해 진을 치는 방법)을 편찬하고 군사 체제를 새로이 손질했다. 《동국병감》과 《고려사절요》 등을 펴내도록 했으며 《고려사》를 완성시켰다. 그러나 문종은 몸이 허약했다. 두 왕비와 사이가 좋지 않았고 아들도 나이 어린 단종 하나만을 남겼다. 문종은 왕위에 오른 지 2년 만인 서른아홉 살에 승하했다.

단종

안평 대군과 수양 대군의 경쟁

몸이 약한 아버지 문종이 죽자 단종은 1452년 5월 18일 열두 살 어린 나이에 경복궁 근정전에서 즉위식을 가졌다. 단종의 이름은 홍위이다. 문종의 외아들로 어머니는 권씨이다. 문종은 승하하기 전 김종서와 황보인 등 원로대신에게 어린 아들을 맡겼다. 이들은 왕이 된 단종을 대신해 중요한 나랏일을 처리하고는 했다. 그런데 단종의 숙부인 수양 대군이 대신들의 힘이 커져 왕권을 위협한다는 이유로 원로대신을 없애 버리고 정권을 잡았다. 이 사건이 계유정난이다.

단종에게는 수양 대군과 안평 대군 두 숙부가 있었다. 수양 대군은 성격이 강해 무신에게 인기가 있었다. 안평 대군은 학문을 좋아하여 학자와 문신에게 인기가 있었다. 단종이 어리니 두 삼촌은 서로 세력을 늘려 가며 기회를 엿보았다. 그런데 수양 대군이 명나라에 사신으로 가게 되어 오랫동안 자리를 비웠을 때 수양 대군 일파를 없애 버릴 기회가 찾아왔다. 하지만 안평 대군이 결정을 내리지 못하고 우물쭈물하는 사이 명나라에서 돌아온 수양 대군이 먼저 군사를 일으켰다. 수양 대군은 반대파의 대표격인 김종서를 먼저 죽이고 나머지 반대파를 궁궐로 불러들여 죽였다.

단종은 1445년 수양 대군에게 왕위를 내주고 창덕궁으로 거처를 옮겼다가 다시 금성 대군의 집으로 갔다. 그런데 1457년 6월 21일, 몇몇 신하가 단종을 다시 왕으로 앉히려는 계획을 세웠다가 들통나는 바람에 단종은 상왕에서 노산군으로 신분이 내려가고 강원도 영월로 귀양 가게 되었다. 그리고 그해 10월 24일 사약을 받았다. 단종이 죽었을 때 나이는 열일곱이었다.

김종서

김종서는 조선 초기를 대표하는 장군이다. 북방 국경을 침범하던 여진족을 무찔러 이름을 크게 떨쳤다. 1405년(태종 5) 김종서는 문과에 급제하여 벼슬길에 올랐다. 북방 여진족의 침입이 끊이지 않아 조정에 근심이 가득하자 물러서지 말고 북방을 굳게 지켜야 한다고 주장했다. 세종은 북방 문제에 대해 적극 대처했다. 1433년에는 여진족 사이에 다툼이 일어나 여진족의 힘이 약해졌다. 이 틈을 타 조선은 여진족을 쳐들어갔다. 세종의 두터운 신임을 받던 김종서는 같은 해 12월에 함길도 관찰사, 1435년에 함길도 병마도절제사가 되어 여진족을 무찌르고 6진(종성·회령·경원·경흥·온성·부령)을 개척하여 땅을 넓히는 데 큰 공을 세웠다. 이로써 1416~43년에 걸쳐 개척된 압록강 방면의 사군(여연군·자성군·무창군·우예군)과 함께 우리나라 땅을 두만강과 압록강 상류까지 넓혔다.

김종서는 6진을 개척한 용장으로 잘 알려져 있는데 《고려사》《고려사절요》《세종실록》 편찬에도 참여하는 등 학자와 관료로서 소임을 다했다. 김종서가 젊은 때 황희는 늘 김종서를 못마땅하게 생각하고 관직을 올려주지 않았다. 김종서가 나중에 그 이유를 묻자 황희는 "자네는 성격이 너무 급해서 좀 다스려야 했네." 하고 대답했다.

문종은 죽음을 앞두고 영의정 황보인, 좌의정 남지, 우의정 김종서에게 어린 단종을 부탁했다. 그러나 수양 대군은 자신이 왕이 되는 데 가장 큰 걸림돌이 되는 김종서를 그냥 두지 않았다. 수양 대군은 무사들을 모아 1453년(단종 1) 10월 13일에 거사하기로 하고, 서대문 밖 김

종서의 집으로 가서 김종서와 아들을 죽였다. 그리고 단종에게 김종서 등이 역모를 꾀해 죽였다고 하고는 왕명으로 대신들을 불러 모은 다음 반대파를 없애 버렸다.

세
조

많은 사람을 죽이고 왕이 되다

　아버지 세종은 둘째 아들 수양 대군이 뛰어난 인물이라는 것을 알고 있었다. 하지만 이미 첫째 아들이 있고 조선이 앞으로 발전해 나가기 위해서는 수양 대군처럼 무인 기질이 강한 사람보다는 학문을 좋아하는 사람이 왕위에 올라야 한다고 여겼다. 만약 문종이 오래 살았다면 수양 대군이 왕이 되는 일은 없었을 것이다. 하지만 문종은 어린 아들 하나만 남기고 너무 일찍 죽었다. 문종도 아우 수양 대군이 위험한 인물이라는 것을 알고 있었을지 모른다. 그래서 세종 때부터 나라의 요직을 맡고 있던 신하들에게 어린 단종을 부탁한 것이다.

하지만 신하들이 나랏일을 다스리게 된 것이 세조에게는 오히려 기회가 되었다. 신하들이 나랏일을 마음대로 주무르니 왕권이 약해졌다는 구실이 생겼다. 세조는 먼저 김종서를 비롯한 많은 대신을 죽였다. 그리하여 왕이 된 뒤에도 자신을 왕으로 인정하지 않는 신하들의 반발을 샀다. 세조는 단종을 다시 왕으로 앉히려 한 신하들을 죽였다. 그러자 이에 굽히지 않고 벼슬을 버린 신하들이 있었는데 박팽년, 하위지, 이개, 유응부, 성승, 유성원이 사육신(단종의 복위를 꾀하다 처형된 신하 여섯 명)이고 김시습, 원호, 이맹전, 조려, 성담수, 남효온이 생육신(세조가 단종의 왕위를 빼앗자 벼슬을 버리고 절개를 지킨 신하 여섯 명)이다. 세조는 또 아우인 안평 대군과 조카 단종도 죽였다.

왕권 강화에 힘쓰다

1445년(단종 3)에 세조는 경회루에서 조선의 7대 왕으로 즉위식을 가졌다. 세조의 이름은 유이고, 자는 수지이다. 세종의 둘째 아들로 어머니는 소헌 왕후 심씨이다. 세조는 늘 활과 화살을 몸에 지니고 다녔다. 숱한 우여곡절 끝에 왕위에 오른 세조는 많은 업적을 남겼다. 나라를 다스리는 데 기본이 되는 《경국대전》을 편찬하기 시작했다. 《경국대전》은 이전, 호전, 예전 병전, 형전, 공전의 6전으로 이루어진 법전이다. 이 법전을 편찬했다는 것은 조선의 문물 제도가 완성되었음을 뜻한다. 또한 《국조보감》과 《동국통감》 등을 반포했다. 지리지인 《동국지도》도 완성시켰다.

세조는 왕권을 강화하기 위해 세종이 의정부에 넘겼던 권한을 도로 거두어 친히 6조를 다스렸다. 신하들의 권한이 커지는 것을 경계해 집현전을 없애고, 세종 때 활발했던 경연도 열지 않았으며, 정치에 참여하는 폭이 좁았던 종친도 등용했다.

군사 조직을 정비하다

태종 때 사병을 모두 없애고 열여섯 살 이상 예순 살 이하의 모든 양인 장정은 군역을 지게 하는 양인 개병제를 실시해 군대를 강화했다. 이로써 모든 백성은 현역 군인인 정군과, 정군의 비용을 맡은 보인으로 편성되었다. 현직 관료와 학생만 군역이 면제되었을 뿐 종친과 외척, 공신이나 고급 관료의 자제도 특수 군대에 들어가 군역의 의무를 다했다.

정군은 한양이나 국경 요충지에 배치되었다. 일정 기간 번갈아 복무했으며 그 기간에 따라 품계와 녹봉을 받기도 했다.

군사 조직은 중앙군과 지방군으로 나뉘었다. 중앙군은 궁궐과 서울을 수비하는 5위로 구성하고 지휘 책임은 문반 관료가 맡았다. 정군을 중심으로 갑사나 특수병으로 구성되었다.

지방군은 육군과 수군으로 나누었다. 건국 초기에는 국방 요지인 영이나 진에 들어가 복무했다. 세조는 진관 체제를 실시하여 요충지인 고을에 성을 쌓아 방어를 강화했다. 지역 단위 방위 체제로 각 도에 한두 군데 병영을 두어 병사가 관할 지역 군대를 장악하고 병영 밑에 몇 개의 거진을 설치하여 거진의 수령이 그 지역 군대를 통제했다. 수군도 육군과 같은 체제로 짜였다.

조선 초기에는 정규군 말고도 예비군인 잡색군이 있었다. 그리고 간단한 시험을 거쳐 뽑은 직업 군인인 갑사가 있었다.

과전법과 직전법

조선은 고려 말에 어려워진 국가 재정과 민생 문제를 해결하기 위해 농업을 중요하게 여기는 농본주의 경제 정책을 내세웠다. 신진 사대부는 중농 정책을 내세우면서 농경지를 넓혀 생산력을 늘리고 농민의 조세 부담을 줄여 농민의 삶을 안정시키려고 했다. 또 토지 개간을 장려하고 농경지를 정비에 힘써 경지 면적을 늘리고 새로운 농업 기술과 농기구를 만들어 백성에게 보급했다.

1466년(세조 1)에는 과전법에서 직전법으로 바꾸었다. 토지의 세습을 없애고 현직 관리에게만 토지를 주었다. 벼슬에서 물러나면 도로 토지를 나라에 바쳤다.

한명회

한명회는 평가가 엇갈리는 신하이다. 한명회를 싫어하는 사람은 한명회가 못된 꾀를 내는 사람이라고 비난했다. 하지만 한명회의 덕을 본 사람은 한명회가 현명한 사람이라고 평가했다. 한명회는 일찍 부모를 여의고 어린 시절을 힘들게 보냈다. 여러 번 과거를 보았으나 합격하지 못하고 친구인 권람과 산천을 여행했다. 1452년(문종 2)에 벼슬을 얻었는데 여전히 힘없는 관리였다. 문종이 죽고 단종이 즉위하자 어린 임금이 오래 버틸 수 없다는 사실을 깨닫고 수양 대군의 사람이 되었다. 그리고 수양 대군에게 함께 일할 수 있는 사람을 여럿 천거했다. 1453년(단종 1) 10월 수양 대군이 김종서 등을 죽이고 정권을 장악한 계유정난 때 참모로서 큰 공을 세워 공신이 되었다.

1455년 수양 대군 세조가 왕위에 오르자 승진을 거듭했다. 세조의 총애를 받는 신하로, 성종 때까지 높은 자리에 앉아 부와 명예를 한 몸에 누렸다.

예
종

예종은 1450년(세종 32)에 세조와 정희 왕후의 둘째 아들로 태어났다. 이름은 황이고, 자는 평보이다. 형 의경 세자가 스무 살에 죽자 그 뒤를 이어 세자로 책봉되었다. 예종은 온화한 성품과 자질이 뛰어났으며 효성이 지극하여 아버지 세조의 병이 깊어 가자 수라상을 직접 챙기는 등 극진히 돌보았다.

예종은 직급에 따라 토지를 나누어 주고 당대에 한해서만 가질 수 있는 직전 수조법을 실시했고, 소작인의 고소권도 인정하는 등 세력가들이 토지를 많이 가지는 것을 막으려고 노력했다. 그리고 옛 정치의 잘잘못을 비평한 《역대세기》를 직접 지었다.

예종 즉위 당시 세조의 공신인 한명회, 신숙주 등과 구성군, 남이 같은 종친이 왕권을 위협하고 있었다. 그렇지 않아도 건강이 안 좋았던 예종은 많은 일과 힘이 강해진 신하에 대한 걱정에 시달리다가 갑자기 세상을 떠났다. 그런데 너무 갑작스러운 죽음이라 예종이 승하했을 때 나이는 겨우 스무 살이었으므로 독살당했다는 말이 돌기도 했다.

성종

수렴청정으로 왕이 되다

예종이 갑작스럽게 죽자 다음 왕위를 놓고 혼란이 생겼다. 예종의 아들이 다섯 살이었기 때문이다. 결국 세조의 맏아들 쪽 자손인 월산 대군과 자산 대군 중에서 고르기로 했다. 왕을 정할 수 있는 사람은 왕실의 큰 어른이자 세조의 왕비인 정희 왕후였다. 정희 왕후는 자산 군을 왕으로 지명했는데 이 사람이 바로 성종이다.

즉위 당시 열세 살이었던 성종을 대신하여 정희 왕후가 7년 동안 수 렴청정(어린 왕을 대신해 왕의 어머니나 할머니가 대신 국정을 맡았던 일)을 했다. 성종이 왕으로 지명된 이유는 성종의 장인이 최고 권력자인 한명회였기 때문이다. 정희 왕후는 7년 동안 조선의 여자 왕으로 모든 일을 처리했다. 신숙주, 한명회, 구치관 같은 대신이 정희 왕후와 함께 나라를 다스렸다.

불행한 결혼 생활이 훗날 큰 비극을 만들다

성종이 왕이 되는 데 큰 힘이 되었던 한명회의 딸이 5년 후 죽었다. 뒤를 이어 왕비가 된 사람은 윤씨였다. 윤씨는 성종보다 열두 살이 많았고 어려운 가정에서 자라 성격이 강했다. 그런데 성종의 뒤를 이을 왕자까지 낳고 나니 더더욱 힘이 강해졌다. 그런데 윤씨는 질투가 심해 성종이 다른 여인들과 있는 것을 보지 못했다. 성종과 싸우다 못해 성종과 가까운 여인들을 독살까지 하려 했다. 결국 성종은 왕비를 내쫓았다. 이미 왕자를 낳은 왕비를 내쫓는 것은 안 되는 일이라고 신하들은 반대했다. 결국 윤씨는 사약을 받고 죽었는데 나중에 왕이 된 윤씨의 아들 연산군이 어머니의 죽음에 관련된 신하를 모두 죽이는 비극이 벌어지게 되었다.

《경국대전》을 완성하다

성종은 탁월한 업적을 많이 남겼다. 세조 때부터 편찬해 오던 《경국

대전》을 완성하여 반포했다. 《경국대전》은 이전, 호전, 예전, 병전, 형전, 공전 등 6전으로 구성되어 있다. 조선의 행정 부서인 6조에서 각각의 업무와 관련된 왕의 명령 등을 모아서 6조의 업무에 맞게 정리했다. 이로써 법에 의한 통치가 가능하게 되었고 양반 관료 체제가 들어섰다. 양반이란 본디 문신과 무신을 뜻하는 말이었으나 나중에는 사람뿐만 아니라 그 가족이나 가문까지도 양반으로 부르게 되었다.

하급 관리나 기술관, 계급이 낮은 군인 등은 중인으로 떨어졌다. 또한 첩이 낳은 자식은 서얼이라 하여 차별했고 이들이 관직에 나아가는 것을 제한했다. 하지만 양반은 많은 토지와 노비를 거느리고 관직을 차지했다. 양반은 경제적으로는 지주층이며 정치적으로는 관료층이었다. 각종 국역이 면제되는 등 양반이 하나의 신분으로 굳어 가면서 점차 양반, 중인, 상민, 천민으로 갈라졌다.

향촌 자치제의 발달과 지방 세력의 등장

조선은 전국을 8도로 나누었다. 군, 현에는 지방관을 파견했지만 그 아래 면, 리에는 지방관을 따로 파견하지 않았다. 대신 지방의 힘 있는 사람들이 파견된 수령을 도와 백성을 다스렸는데 이를 향리라고 했다.

조선을 세운 주도 세력은 관료층으로 지도층이 되고 향리는 양반을 돕는 중인층으로 떨어졌다. 그런데 지배층도 계속 서울에 머무는 고위 관리층과 지역 사회의 주도권을 가진 사림층으로 나뉘었다. 사림은 고려 때 학자인 정몽주에서 길재로 이어지는, 조선 유학의 정통을 계승했다고 하는 김종직을 중심으로 이루어진 세력이었다. 중소 지주 출신으로 도학과 의리를 중시했는데, 이들은 세조 대에 이르러 중앙으로 진출하기 시작했다. 세조는 왕위를 힘으로 빼앗았기 때문에 자신을 지지할 새로운 인재가 필요했다. 김종직을 비롯한 사림은 왕에게 위협이 되는 공신의 부정부패를 문제삼았다. 세조의 뒤를 이은 예종과 성종도 공신을 견제하기 위해 사림파를 보호해 주었다.

　사림파의 우두머리 김종직은 고려 시대 학자 길재에게 학문을 배운 아버지에게 가르침을 받아 세조 때 과거에 급제했다. 김종식은 많은 제자를 길러 낸 것으로 유명한데 김굉필, 정여창, 김일손 등이 있다. 성종은 공신을 견제하기 위해 사림을 중용했기 때문에 훈구 세력과 사림 세력이 균형을 이룰 수 있었다. 성종은 홍문관을 두어 왕과 신하가 함께 모여 정책을 토론하고 연구하는 중요한 기구로 만들어 갔다.

연산군

사림파가 몰락한 무오사화

1494년 왕이 된 연산군은 조선 역사상 광해군과 함께 죽은 뒤 왕의 칭호를 제대로 받지 못한 왕이다. 연산군은 두 번의 사화로 유명한데, 사화는 많은 신하가 죽는 큰 사건을 말한다.

고위직을 독차지한 공신과 지방에서 성장해 관직에 진출한 사림은 사사건건 맞섰다. 사림파는 세조와 성종 때 크게 성장했는데 대신들이 욕심을 채우는 데 눈이 멀어 비리를 저지른다고 비난했다. 김종직의 제자인 김일손, 이원, 유호인, 이종준, 유순정 등이 바로 그들이다. 유자광을 비롯한 대신들은 일을 꾸몄다.

김종직이 살아 있을 때 쓴 글이 문제가 되었는데, 김종직이 왕위를 뺏은 세조를 비난하는 내용이었다. 김종직은 이미 죽었기에 그 제자들이 줄줄이 잡혀 들어갔다. 연산군은 사림과 공신 모두 왕권을 위협하는 존재라 생각해서 이를 빌미로 사림파를 제거하려 했다. 김일손을 비롯한 김종직의 제자들은 고문을 받고 처형되거나 유배를 갔다. 이 사건이 1498년이 무오년에 일어났기에 무오사화라고 한다.

공신이 몰락한 갑자사화

1504년 갑자년에 갑자사화가 일어났다. 무오사화로 사림이 제거되자 한동안은 훈구 대신이라고 불리는 공신의 세상이었다. 하지만 연산군은 사림파뿐만 아니라 훈구 대신도 없애고 싶었다. 나라의 재정이 어려워져 연산군은 공신이 가지고 있던 재산을 빼앗아 부족한 살림살이를 메우려고 했다. 이렇게 되자 재산을 빼앗기게 된 공신은 반발했다.

문제는 연산군의 생모 윤씨가 비극적으로 죽은 일이었다. 연산군은 이미 그 사실을 알고 있었는데 임사홍이라는 신하가 윤씨가 죽을 때 피를 토한 손수건을 연산군에게 바쳤다. 연산군은 그것을 빌미로 삼아 그 일에 관여했던 사람을 모두 잡아들였다. 한명회를 비롯한 대신은 모두 사형당했고 그나마 남아 있던 사림도 벌을 받아 죽었다.

신하가 왕을 바꾸다

연산군이 두 번의 사화를 통해 많은 사람을 죽이자 남은 신하들은 언제 죽을지 모른다는 불안에 떨었다. 연산군이 노는 데 빠져 나라를 돌보지 않는다는 불만도 생겼다. 이에 성희안, 박원종 등은 중종의 둘째 아들인 진성 대군을 왕으로 받들고 군사를 동원해 궁으로 쳐들어갔다. 1506년의 일이었다. 궁에 있던 신하와 군사는 이미 반란이 일어난 것을 알고 도망쳐 연산군은 꼼짝 못 하고 잡혔다. 연산군은 강화도로 쫓겨나 이듬해 병으로 죽었다.

중종

힘없는 임금에서 강한 왕이 되다

중종은 1488년 성종의 둘째 아들로 태어났다. 연산군의 처남인 신수근의 딸 신씨와 혼인했다. 신씨와 사이가 좋았는데 왕이 되자 중종을 왕으로 앉힌 신하들이 신씨를 내쳐야 한다고 주장했다. 그들이 죽인 신수근의 딸이기 때문이었다. 중종은 힘이 없었기 때문에 할 수 없이 신씨를 궁 밖으로 보냈다.

반정 후 정치 권력은 공신에 의해 주도되었다. 그 주역인 박원종은 우의정, 성희안은 이조 판서, 유순정은 병조 판서가 되어 절대 권력을 휘둘렀다. 그러자 중종은 뒤에서 신하들을 움직여 서로 견제시키며 왕권을 강화해 나갔다. 먼저 성균관을 수리하고 신하와 왕이 학문을 토론하는 경연을 되살렸다. 그리고 지난날 억울하게 옥살이했던 사람들을 불러올렸다. 그러자 사림이 다시 왕을 돕기 위해 나섰다.

조광조

조광조는 조선 초기에 나라를 개혁하려고 했던 학자로 힘없는 중종에게 힘을 실어 주었다. 조광조는 김종직에서 김굉필로 이어지는 사림의 정통을 잇는 젊은 유학자였다. 중종 때 과거에 급제하면서 빠르게 벼슬이 올라가더니 사간원의 관원이 되었다.

조광조가 바라는 가장 좋은 정치는 유교 가르침에 충실한 도학 정치였다. 중종은 사림을 다시 뽑아 유교 정치를 펴려고 했다. 사림은 과거를 치르지 않고 추천을 받아 인재를 뽑았다. 이를 현량과라 했는데 이렇게 관직에 오른 젊은 학자들은 새로운 정치를 주장하면서 개혁을 시도했다.

조광조는 유학자의 입장에서 미신을 없애기로 하고 도교 의식을 치르는 소격서를 폐지하자고 했다. 또 아이들에게 예절 교과서인 《소학》을 가르쳤다. 그리고 유향소에 맞서 향약을 보급했다. 중종은 공신을 견제하기 위해 조광조를 중요한 자리에 앉혔지만 차츰 조광조의 고집에 질리기 시작했다. 공신에게 밀리던 왕권이 어느 정도 수평을 이루면서 사림의 힘이 세지는 데 대한 불안감이기도 했다.

기묘사화

조광조는 1519년(중종 14) 11월에 신하들을 이끌고 궁문 밖에 엎드려 중종이 왕이 되는 데 공을 세운 신하 중 지나치게 높은 상을 받은 76명의 벼슬을 거두어 달라고 했다. 중종은 공신의 눈치를 보다가 닷새 만에 조광조의 말을 들어주었다. 그 일로 조광조는 중종과 공신에게 반감을 샀다.

공신들은 나뭇잎에 꿀을 발라 개미들이 파먹게 하여 글자를 만들었는데 조씨가 왕이 된다는 내용이었다. 그리고 후궁을 시켜 중종에게 조광조를 모함하게 했다. 이에 중종은 조광조와 그 무리를 모두 잡아 옥에 가두게 했다. 조광조, 김정, 김식, 김구에게는 사약을 내리고 나머지는 귀양을 보냈다. 이 일이 바로 기묘사화이다.

조광조는 정치에 대한 뜻을 펴지 못했지만 조선을 유교 사회로 바꾸는 데 큰 역할을 했다.

삼포의 난

15세기에 비교적 안정되었던 조선과 일본의 관계는 16세기에 이르러

나빠지기 시작했다. 조선에 들어와 무역을 하던 일본인들의 요구가 늘어나자 조선에서는 이를 감독하려 했다. 이에 불만을 품은 일본인들이 반란을 일으켰다. 이것이 삼포의 난이다. 삼포는 동래(부산포), 제포(창원), 염포(울산)를 말한다. 일본인은 이 곳에만 살 수 있었다. 왜구의 피해를 줄이고 나라의 안전을 지키기 위해서였다.

고려 말 왜구의 노략질은 크나큰 근심거리였다. 세조의 대마도 정벌은 여기에 대한 무서운 벌이었다. 조선과 외교가 끊긴 일본은 다시 무역을 하게 해 달라고 간청하여 세종 8년에 부산포를 열어 일본인을 살게 했다. 세종 18년에는 염포와 제포를 열어 부산포에 몰려드는 일본인을 흩어지게 했다. 일본 무역선은 삼포에만 드나들 수 있었는데 무역과 고기잡이가 끝나면 곧바로 삼포를 떠나야 했다. 그런데 이를 어기는 일이 늘어나 단속했더니 일본인들이 크게 소란을 피우기 시작했다.

1510년(중종 5) 4월 4일 제포에 사는 일본인 우두머리 오바리시와 야스고 등이 대마도주의 아들 종성홍을 대장으로 삼고 폭동을 일으켰다. 5000여 명이 여러 고을을 치고 들어가 장수들을 죽였다. 중종은 경상도 도원수 유순정, 우의정 성희안을 도체찰사 겸 병조 판서로 삼고 군사 5000명을 보냈다. 제포에 모인 조선군은 종성홍을 죽였다. 일본인들은 대마도로 달아나고 왜란이 끝나고 삼포는 완전히 문을 닫았다. 이후 1512년(중종 7)에 조선은 다시 삼포의 문을 열었다.

인종

    1515년(중종 10) 인종은 중종의 맏아들로 태어났다. 이름은 호이고, 어머니는 장경 왕후 윤씨이다. 인종은 어릴 때부터 지혜와 재주가 뛰어나 세 살부터 글을 읽었으며 그 뜻을 알았다. 여섯 살에 세자로 책봉되었다. 아주 조용한 성격에 욕심이 없고 어질었으며 효성과 우애가 두터웠다. 동궁에서 지낼 때부터 인종의 성품은 세상에 널리 알려졌다.

    중종은 왕비를 셋 두었다. 첫째 단경 왕후 신씨는 중전이 된 지 이레 만에 쫓겨났고, 둘째 장경 왕후 윤씨는 인종을 낳고 열흘 만에 세상을 떠났다. 셋째 문정 왕후 윤씨는 경원 대군(명종)을 낳았다. 이로써 권력

다툼이 일어났다. 세자를 지지하는 세력을 대윤, 경원 대군을 지지하는 세력을 소윤이라고 했다. 중종이 죽은 뒤 인종이 즉위하여 대윤이 힘을 얻었으나, 인종은 즉위 8개월 만에 세상을 떠나고 말았다.

 인종은 하늘이 내린 효자로 중종의 병세가 깊어지자 한시도 그 곁을 떠나지 않고 돌보며 산천에 쾌유를 빌었다. 그러나 중종이 죽고 상중에 몹시 슬퍼한 탓에 인종도 갑자기 승하했다. 뒤를 이을 아들이 없어 아우인 경원 대군을 임금으로 세우고 세상을 떠났다.

문정 왕후의 수렴청정과 을사사화

명종은 1545년 7월 왕위에 올라 1567년 6월까지 있었다. 이름은 환이고, 자는 대양이다. 중종의 둘째 아들로 어머니는 문정 왕후 윤씨이다. 명종은 효성이 지극하고 공손했으며 문예를 좋아했다. 그러나 어린 나이로 왕위에 올라 어머니 문정 왕후가 수렴청정을 하니 정치는 윤원형을 비롯한 소윤, 즉 외가에 의해 좌우되었다.

윤원형은 문정 왕후를 움직여 대윤을 쫓아내려고 했다. 평소 대윤에게 원한을 품던 사람들을 심복으로 삼아 계책을 꾸몄다. 그런 한편 윤

원형의 첩으로 하여금 대윤이 역모를 꾀한다고 문정 왕후에게 무고하게 했다. 그 결과 대윤은 역적으로 몰려 윤임, 유관, 유인숙 등을 잡아들였다. 여기에 많은 사림파가 엮여 들어가 모두 귀양을 가거나 사약을 받고 죽었다. 이 일이 바로 을사사화로, 왕실 외척인 대윤과 소윤의 싸움이었다.

보우의 불교 중흥 운동

문정 왕후는 독실한 불자였다. 당파와 이익에서 벗어나 수행이 높은 승려를 스승으로 모셔 조언을 듣고 싶어 했다. 이런 문정 왕후의 뜻을 알고 정만종이 백담사에서 수행하던 보우를 천거했다. 보우는 불경은 물론 유학 경전까지 공부한 학자나 다름이 없었다. 그런 보우는 문정 왕후의 뜻을 받들어 불교를 일으키는 데 온 힘을 다 바쳤다.

이에 문정 왕후는 교종과 선종을 부활시키고 연산군 때 없앤 도첩제를 다시 실시했다. 불교계는 활기를 띠고 인재가 모여들었다. 그러나 신하들은 물론 성균관 유생들까지 크게 반발했다. 도첩제를 없애라는 상소문과 보우를 죽이라는 상소문이 빗발쳤다. 심지어 유생들은 성균관을 비우는 시위까지 벌였다.

그래도 문정 왕후는 불교 중흥 정책을 그만두지 않았다. 보우의 조언을 듣고 봉은사에는 선종을, 봉선사에는 교종을 두었다. 그리고 보우를 봉은사 주지 겸 선종의 책임자로 앉혔다. 문정 왕후는 봉은사로 보우를 자주 찾아가 크고 작은 나랏일을 의논하더니 마침내 승과를 부활시켰다. 그 결과 뛰어난 승려가 많이 나왔다. 이때 치른 승과를 통해 서산 대사와 사명 대사 같은 고승이 나왔다.

그런데 1565년 문정 왕후가 갑자기 세상을 떠났다. 그러자 신하와 유생들이 크게 들고일어나 보우를 죽이라는 상소가 끊이지 않았다. 결국 보우는 제주도로 귀양가 그곳에서 죽임을 당했다. 이듬해에 도첩제와 승과를 없애니 불교는 다시 억압을 받았다.

임꺽정

임꺽정은 산적이다. 산적은 도둑이니 사람들의 미움을 받기 마련이다. 그러나 임꺽정은 횡포를 일삼는 관리에 맞서 힘없는 백성을 도운 의로운 도둑이다. 나라가 정치를 못해 삶이 어려워지면 도적이 생겨난다. 당장 먹고살 길이 없는 백성이 살기 위해 도적이 되는 것이다. 홍수나 가뭄, 흉년 같은 자연재해와 무거운 세금을 견딜 수 없었던 것이다. 더구나 세력가들이 재산을 늘리기 위해 농민의 땅을 빼앗아 버렸다. 땅이 없어진 농민은 먹고살 길이 없어 집을 버리고 산에 모여 산적이 되었다.

임꺽정은 본디 경기도 양주에 살던 백정이었다. 꺽정이란 이름은 어릴 때부터 힘이 보통 사람보다 훨씬 세서 그 힘으로 종종 사고를 일으키니 걱정이 되어 붙인 것이다. 임꺽정은 전국을 돌아다니며 글과 무예를 익히고 백성의 실상을 겪고 난 뒤 황해도에 머물렀다. 황해도 땅은 모두 왕실과 지배층이 차지하고 있었다.

농민은 소작인으로 살았다. 바다와 가까운 지역은 소금기가 많아 농사짓는 데 적당하지 않았다. 대신 갈대가 많이 나는 곳이었다. 백성은 그 갈대를 베어 삿갓과 밥그릇 같은 것을 만들어 살아갔다. 그런데 그 갈대밭마저 힘있는 자들이 제 땅으로 삼았다. 백성은 돈을 주고 갈대를 사야 했기에 사는 게 점점 더 힘들어졌다.

윤원형은 권력을 등에 업고 한양에 집을 16채나 가지고 있었고, 전국에 걸쳐 토지와 노비를 빼앗아 재산을 늘리고 있었다. 이런 상황 속에서 임꺽정은 도적이 되었다. 그런데 임꺽정의 무리는 워낙 힘이 세 조정에서도 잡기가 어려웠다. 임꺽정을 죽이려 한 개성부의 포도관 이억근이 오히려 임꺽정에게 붙잡혀 죽었다.

임꺽정은 점점 더 세력을 넓혀 평안도, 강원도, 개성, 한양에도 나타났는데 3년이 지나도록 잡을 수 없었다. 조정에서 군사를 보내 잡으려 하면 흩어져서 일반 백성인 것처럼 숨어 지냈고, 백성도 임꺽정의 편을 들어 관군의 움직임을 알려 주었다. 그들은 관군을 피하기 위해 여러 지역에 숨을 곳을 마련해 놓았는데, 특히 개성과 평양이 그들의 소굴

이었다. 1560년 서림(임꺽정의 책사)이 잡히면서 임꺽정은 몰락하기 시작하였다. 서림은 무리의 활동과 비밀을 모두 고해바쳤다. 임꺽정의 무리는 관군과 싸우면서 도망다녔다. 하지만 시간이 흐르면서 전세는 숫자가 적은 도적들에게 불리해졌다. 임꺽정은 남은 무리를 이끌고 구월산으로 들어가 지형이 험한 곳에서 계속 저항했다. 그러다가 1562년 황해도 토포사 남치근에게 잡히고 말았다.

서원의 출현

조선 시대 서원은 사림 세력의 집결지로 위인에게 제사지내고 유생을 가르치는 장소였다. 그러다가 서원이 발전하면서 사림이 수양하며 쉬는 장소로 바뀌어 갔다. 여러 차례 사화로 타격을 입은 사림은 지방에 숨어 학문을 연구하며 지냈다. 교육의 필요성이 커져 성균관을 비롯한 4학 등이 교육을 맡았지만 유능한 교사가 부족해 제 구실을 못하는 형편이었다.

1543년(중종 38)에 풍기 군수 주세붕이 고려 말 유학자 안향의 제사를 지내고 유생을 가르치기 위해 백운동 서원을 세웠다. 그 뒤 사림이 지방 각지에서 서원을 세웠다. 서원은 부족한 공교육을 대신하는 사교육장이었다.

율곡 이이

이이는 조선 시대의 문신이자 성리학자로 호는 율곡이다. 일찍이 학문으로 이름을 떨쳐 천재로 불렸다. 조선의 가장 유명한 학자로는 이이와 이황을 꼽는다. 이이는 어려서 과거에 급제해 이름이 알려졌다. 과거에 무려 9번이나 급제해 구도장원공이라는 별명이 붙었을 정도였다. 본가는 파주였지만 아버지 이언수가 강릉의 신사임당과 결혼해 강릉에서 1536년 태어났다. 서인의 대표격이었는데 초기에는 당쟁에 참가했지만 후에는 그 폐단을 깨닫고 동인과 서인의 싸움을 막는 데 힘썼다.

이이는 세금을 개혁하기 위해 대공수미법(공물을 쌀로 통일하자는 내용)을 실시하자고 주장하고, 병조 판서가 되어서는 여진족의 침입을 막았다. 특히 임진왜란이 일어나기 전 국방을 튼튼하게 하기 위해 10만 군대를 길러야 한다는 10만 양병설을 주장했다.

이이의 어머니 신사임당은 학문이 깊었는데 시도 잘 짓고 그림도 잘 그렸다. 자식을 잘 가르치고 부모에게 효도하여 조선 시대 최고의 여성으로 칭송을 받았다.

이이는 이황을 존경했다. 1558년(명종 13) 스물세 살 때 이이는 쉰여덟 살인 퇴계 이황을 찾아가서 만났다. 이이는 그곳에서 이틀 동안 머물며 이황과 학문 토론을 했는데, 이황은 이이의 재능에 크게 감탄했

다. 비록 두 사람의 생각은 달랐지만 서로 편지를 주고받으며 토론을 계속했다.

1583년(선조 16) 병조 판서에 임명되고, 국방을 강화하기 위해 양반에게도 병역을 지게 해 병력을 늘릴 것을 주장했으나 양반의 반발로 성공하지 못했다. 이이는 일본이 장차 조선을 침략할 것이라고 예측하고 10만 명의 군대를 양성할 것을 주장했으나, 평화로운 시대에 전쟁을 말한다는 공격을 받고 결국 관직에서 물러났다.

1584년(선조 19) 이이는 마흔아홉의 나이에 세상을 떠났다. 저서로 《성학집요》《격몽요결》《동호문답》 등이 있다.

퇴계 이황

율곡과 함께 성리학의 양대 산맥으로 불리는 이황은 1502년 좌찬성 이식의 7남 1녀 중 막내아들로 태어났다. 태어난 지 7개월 만에 아버지가 죽어 홀어머니 밑에서 자랐다. 1527년(중종 22) 진사시에 합격하고, 성균관에 들어가 이듬해 사마시에 합격했다.

1534년 문과에 급제하여 승문원 부정자로 등용된 뒤 충청도 어사 등을 지내고 1543년 성균관 사성이 되었다. 그 뒤로는 관직 생활을 하다가 물러나 낙향하고 재등용되고 다시 사퇴하는 우여곡절을 겪었다.

1560년 도산 서당을 짓고 7년 동안 독서·수양·저술에 전념하는 한편, 많은 제자를 길렀다. 1570년 병이 깊어져 칠십 살에 세상을 떠났다. 이황의 학문은 일본에도 전해져 많은 영향을 주었고 중국에서도 성인이라고 불렀다.

선조

사림이 정권을 잡다

1567년에 즉위하여 1609년까지 재위한 선조는 중종의 서자인 덕흥군의 셋째 아들로 명종이 죽은 뒤 왕이 되었다. 명종의 아들은 일찍 죽어 후손이 없었고 명종도 후계자를 정하지 못하고 갑작스럽게 죽었다. 그런데 왕비가 명종이 이미 선조를 후계자로 정했다고 말해서 왕이 된 것이다. 선조는 왕의 아들이 아닌 신분으로 왕이 된 첫 번째 인물이다.

선조가 즉위하면서 그동안 향촌에서 세력을 다지던 사림 세력이 대부분 중앙 정계로 나아가 정국을 주도하게 되었다.

명종이 스무 살이 되면서 문정 왕후의 수렴청정이 끝나고 명종의 친정이 시작되었다. 당시 권력자는 심의겸이었다. 심의겸은 사림과 친밀한 관계를 맺고 있었다. 심의겸의 도움으로 사림은 관직에 나오기 시작했다. 그리고 선조가 즉위하자 명종이 부를 때는 나오지 않던 이황이 선조의 즉위 다음 달인 7월에 예조 판서 겸 지경연사로 임명되었다. 당시 세상이 변했음을 보여 주는 사건이 조광조의 명예 회복과 남곤의 해임이었다. 사림의 대표적 인물이었던 조광조가 억울하게 죽었으니 명예를 회복시켜야 한다는 상소가 올라오고 반대로 이 사건을 조작한 대표적인 공신 중 하나였던 남곤의 벼슬을 뺏어야 한다는 건의가 올라왔다. 선조는 이황을 불러 물었다.

 "조광조에게 죽은 이에게 주는 벼슬을 내리라 하고 남곤의 벼슬은 없애라 하는데 그들은 어떤 사람들인가?"

 그러자 이황은 이렇게 대답했다.

 "조광조는 인격이 뛰어나고 일찍이 성리학을 공부한 학자입니다. 중종을 도와 새로운 정치를 펴고자 했으나 너무 서두르는 바람에 모함을 당해 귀양 가서 죽었습니다. 그 일 때문에 우리 사회에 아직도 나쁜 영향을 끼치고 있습니다. 훌륭한 학자가 나오지 않는 것도 그런 이유 때문입니다. 남곤의 죄상이 특히 크니 조광조를 포상하고 남곤의 벼슬을 뺏는 것은 당연한 일입니다."

이에 선조는 대신들과 의논하여 이황의 의견을 따랐다.

그런데 사림이 정권을 잡자 사림 사이에도 패가 갈리기 시작했다. 권력자인 심의겸과 친한 사람과 친하지 않은 사람이 서로 나누어졌다.

이준경은 중종에서 선조까지 왕 넷을 섬긴 원로대신으로서 정치 생활을 마감하는 글을 올렸는데 이 글에서 신하들이 패를 이루는 붕당의 조짐이 있다고 지적했다. 왕 밑에서 붕당을 만드는 것은 사형에 해당하는 중죄였다. 율곡 이이는 이준경을 비난했다.

"새가 죽을 때에는 울음소리가 슬퍼지고, 사람이 죽을 때에는 말이 선해진다고 하는데 이준경은 죽을 때에도 말이 악하다."

그러나 이준경의 예언은 정확하게 들어맞았다. 사림은 동인과 서인으로 갈라졌다.

동인과 서인의 싸움

1575년(선조 8) 사림이 동인과 서인으로 갈라져 붕당의 역사가 시작되었다. 그 중심에 심의겸이 있었다. 1572년(선조 5) 2월 이조 전랑 오건이 후임으로 김효원을 추천했다. 김효원은 이황, 조식의 문인으로 1565년(명종 20) 문과에 장원한 수재였다. 그런데 이조 참판이던 심의겸이 오건의 추천을 거부했다. 김효원이 그럴 만한 인재가 아니라는 것이었다. 이에 김효원은 이조 전랑직에 임명되지 못했고 오건 역시 벼슬을 내놓았다.

　이조 전랑이란 벼슬은 인사 행정을 담당하는 아주 중요한 자리였다. 이조 정랑은 문관의 인사에 있어 정승과 판서의 의견도 무시할 수 있는 권한이 있었기에 높은 벼슬에 있는 사람도 어렵게 생각했다. 그러니 이 자리를 가지는 쪽이 인사 권한을 행사할 수 있었다.

　당시 구세력을 대표하는 이가 심의겸이었고, 신진 세력을 대표하는 이는 김효원이었다. 김효원은 심의겸의 방해로 그 뒤로도 여러 번 전랑이 되지 못하다가 마침내 1574년(선조 7)에 이조 전랑직에 임명되었다. 그리고 김효원이 이조 전랑직에 물러날 때 심의겸의 아우가 후보로 올랐다. 하지만 김효원은 이를 물리치고 다른 사람을 후임으로 추천해 심의겸과 김효원은 원수지간이 되었다.

　김효원은 한양 동쪽에 있는 건천동(현재 동대문 시장터)에 살았기에 김효원을 따르는 이들을 동인이라 했고, 심의겸은 서쪽 정릉에 살았기에 심의겸을 따르는 이들을 서인이라 했다. 동인에는 이황과 조식의 제자가 많았다. 허엽, 유성룡, 우성전, 김성일, 이발, 이산해, 이원익, 이덕형 등이 속해 있었다. 서인에는 이이와 성혼의 제자가 많았다. 정철, 조헌, 이귀, 윤두수, 이산보 등이 있었다.

　이이가 죽자 서인은 한동안 정계에 진출하지 못해 동인의 세상이었다. 그러던 중 여여립의 모반(국가나 군주를 뒤집어엎는 일) 사건이 일어났다. 조사관으로 서인의 정철이 임명되었는데 그 기회에 동인의 주요 인물을 모조리 없앴다. 평소에 원한이 있던 사람까지 역적으로 몰아 죽은 사람이 천 명이 넘었다고 한다. 그 뒤로는 서인이 정계를 장악했다.

조선을 둘러싼 위태로운 국제 정세

16세기 명나라는 북방의 유목민인 타타르 족과 전쟁을 하느라 힘들었다. 1550년에는 타타르의 군대가 수도인 북경을 포위한 적도 있을 정도였다. 그리고 동남 해안에서는 왜구가 침입하여 해안 지방의 백성이 고통받고 있었다. 그런데다 여기저기에서 반란이 일어나 나라가 점점 쇠약해지고 있었다.

만주 지방에서는 여진족이 일어나고 있었다. 여진족은 명나라의 힘이 쇠약해진 틈을 타고 주변의 부족들을 통합해 나가기 시작했다. 여진족의 부족장 누르하치는 몽골을 격파하고 후금을 세울 기초를 닦기 시작했다.

16세기의 일본은 전국 시대였다. 각 지방마다 군대를 가진 영주가 있어 서로 치열한 싸움을 벌였다. 그러다가 16세기 후반 오다 노부나가가 일본을 통일했다. 바다를 통해 들어온 조총을 받아들인 노부나가는 각 지방 제후들을 하나씩 격파하여 통일의 기초를 닦았다. 노부나가의 뒤를 이은 도요토미 히데요시는 1587년 마침내 일본을 통일했다.

일본을 통일한 히데요시에게 오랜 전쟁 뒤 남은 엄청난 군사들은 나라를 다스리는 데 큰 위협이 되었다. 그래서 조선을 침략하겠다는 계획을 세우게 되었다. 1592년의 임진왜란은 명나라의 쇠퇴와 일본의 통일이 만든 결과였다.

임진왜란의 시작

1589년 조선에서는 일본에 통신사를 파견했다. 조선에서도 일본의 움직임이 심상치 않았기 때문에 정보를 수집하려 했다. 그런데 통신사의 대표인 황윤길은 일본이 조선을 침략할 가능성이 많다고 주장한 반면 부사인 김성일은 가능성이 없다고 했다. 그런데 조선은 김성일의 동인이 집권하고 있었기 때문에 그의 의견을 받아들인 뒤 그나마 일본의 침입에 대비해 건설하고 있던 성을 짓는 일도 멈추게 했다.

나고야에 20만 대군을 집결시킨 도요토미 히데요시는 1592년 4월 오전 8시에 조선 공격을 명했다. 고니시가 이끄는 일본군이 부산에 도착한 것은 오후 5시였다. 부산진 첨사 정발은 목숨을 걸고 싸웠지만 전사하고 말았다. 부산을 점령한 왜군은 동래성을 공격했고 동래 부사 송상현이 버티는 동래성도 함락되었다. 동래를 점령한 일본군은 세 갈래로 나누어 서울로 진격했다.

조선은 건국 이래 200년 동안 이렇다 할 전쟁이 없었기에 전쟁에 대한 대비가 전혀 안 되어 있었다. 각 지방의 수령은 도망치기 바빴고 마을은 맥없이 무너졌다. 서울에서 파견한 군대는 이일이 상주에서 패하고 신립이 충주에서 패한 것으로 끝났다. 신립이 졌다는 소식이 들어오자 왕은 서울을 버리고 피란 갈 것을 결심했다. 왕이 달아나자 분노한 백성은 궁을 습격해 노비 문서를 불태웠다.

5월 2일 서울을 함락한 왜군은 북상을 계속하여 6월에는 평양을 함락했다. 바로 이때 전국에서 의병이 일어나기 시작했다. 정규군인 관군이 힘없이 무너지자 양반에서 천민에 이르는 다양한 신분의 사람들이 무기를 들고 일어났다. 의병은 약 2만 2600명으로 짐작되는데 관군의 사분의 일에 해당했다.

대표적인 의병장으로 곽재우, 고경명, 조헌, 김천일, 김면, 정인홍, 정문부, 이정암, 우성전, 권응수, 정세아, 정대임, 변사정, 양산숙, 최경희, 김덕령, 유팽로, 유종개, 이대기, 홍계남, 손인갑, 조종도, 곽준, 임계영, 고종후, 박춘무, 김해, 최문병을 들 수 있다.

의병은 기본적으로 적의 후방을 교란하는 전술을 썼다. 그들은 패전 와중에도 애국심을 드높이고 호남의 곡창 지대를 방어하는 데 중요한 역할을 했다. 승병들도 일어나 싸웠는데 주축을 이룬 것은 서산 대사 휴정의 제자들로 영규, 처영, 유정, 의엄 등은 많은 공을 세웠다.

한편 이순신이 이끄는 수군은 육군이 계속 패전하는 중에도 왜군을

맞아 계속 승리했다. 수군의 활약으로 조선의 식량 창고인 전라도 지방이 무사했고, 일본군은 수군의 도움을 받지 못해 식량과 무기의 보급이 어려워졌다.

명나라의 참전과 휴전 회담

선조는 서울에서 평양으로 평양에서 의주로 계속 피란을 했다. 그러면서 명나라로 사신을 보내 원병을 요청했다. 명나라도 군대를 파견할 형편은 아니었지만 도요토미 히데요시가 조선을 침범할 때 명나라를 치기 위해 길을 빌려 달라고 요구했기에 조선이 무너지면 다음은 명나라라는 걸 잘 알고 있었다.

1차로 파견한 조승훈의 군대는 평양성에서 패했지만 1592년 12월 이여송이 이끄는 4만 3000명의 군대가 압록강을 건넜다. 이여송이 조선군과 연합해 평양성을 공격하자 왜군은 견디지 못하고 달아났다. 임진왜란에서 밀리기만 하던 조선이 드디어 반전의 계기를 잡는 순간이었다. 이여송은 이긴 기세를 몰아 서울로 진격했는데 벽제관에서 왜군에게 참패했다. 평양성의 패배로 사기가 떨어졌던 왜군은 기세를 되찾아 행주산성을 공격했다. 행주산성에는 권율이 서울을 수비하기 위해 진을 치고 있었다. 왜군은 만여 명이 지키는 성을 공격하기 위해 3만 명의 대군을 동원했다. 하지만 백성까지 싸움에 나선 조선군은 치열한 전투 끝에 왜군을 물리쳤다. 이렇게 전쟁이 벌어지고 있는 사이 명나라와 일본 사이에는 평화 회담이 벌어졌다. 명나라의 사신 심유경은 본국과 상의도 없이 일본과 회담을 했다. 일본의 요구는 조선의 반을 달라는 것과 조선 왕을 인질로 삼고 명나라 황녀를 후궁으로 삼겠다는 등 들어줄 수 없는 것들이었다. 회담이 벌어지는 2~3년 동안 일본군은 후퇴하여 한반도 남쪽에 성을 쌓았다.

결국 회담은 성사되지 못하고 명나라 대표 심유경은 처형되었다.

정유재란

1597년(선조 30) 1월 왜군은 14만 명의 군대를 동원하여 다시 조선을 침략했다. 당시 조선 수군은 이순신이 죄를 받고 원균이 사령관이 되었고 명나라 역시 군대를 보내 적극적으로 대응했다. 조선은 도원수 권율을 중심으로 각 요충지에 군대를 파견하여 수비를 했다. 그런데 4월 거제도에서 원균이 이끄는 조선 수군이 왜군에게 패해 완전히 무너졌다. 일본의 수군은 전라도 해안을 공격하고 육군은 전라도와 경상도를 점령한다는 계획을 세웠다. 남원성과 전주성이 차례로 함락됐다. 그러나 양호가 이끄는 명나라 군대가 직산 근처 소사평에서 북상하던 왜군을 격파했다. 10일 뒤인 9월 16일, 이순신이 복귀한 조선 수군은 명량 해전에서 일본 수군을 격파했다. 양쪽에서 진 일본군은 기세가 꺾였다.

겨울이 다가오자 남해안으로 모여든 일본군은 울산에서 순천에 이르는 800리에 성을 쌓고 꼼짝하지 않았다.

명나라의 군대가 계속 도착하자 조선과 명의 연합군은 왜군의 성을 공격하기 시작했다. 하지만 별다른 성과 없이 시간은 흘렀다. 그러다가 중대한 사건이 발생했다. 도요토미 히데요시가 죽은 것이다. 도요토미는 죽기 전 일본군에게 철수하라고 명령했다. 그러나 그 길목을 이순신이 가로막고 있었다. 1598년 11월 18일, 일본군의 수군 전함 500척이 고니시의 군대를 구하기 위해 노량 앞바다로 왔다. 노량 해전의 시작이었다. 이순신이 이끄는 조선과 명나라의 수군은 일본 수군과 격전을 벌였다. 수많은 일본군의 배가 격침되었고 이순신도 전사했다. 임진왜란은 이렇게 끝났다. 그리고 전쟁의 결과는 참혹했다. 수많은 백성이 목숨을 잃었고 농경지 대부분이 황폐화되고 문화재가 파괴되었다. 일본에는 도쿠가와 정권이 들어서고 명나라는 여진족이 세운 청나라에 멸망했다. 조선도 나라를 복구하는 데 돈을 내는 백성들에게 신분을 높여 주는 납속책을 실시해 사회 구조가 변하기 시작했다.

임진왜란의 3대첩

임진왜란 당시 일본은 오래 이어진 내란으로 전쟁을 업으로 삼는 무사들과 군사들이 많았다. 당시 세계적으로 보아도 육군의 전력은 가장 강한 군대였다. 그러나 조선은 200년 동안 평화가 계속되고 무관보다는 문관을 우대했기 때문에 전력이 형편없이 약했다. 그래서 전쟁 초기에는 지기 일쑤였다. 하지만 전쟁이 계속되면서 왜군과의 전투에 익숙해진 조선군도 왜군을 상대로 승리하기 시작했다. 그중 가장 큰 전투 세 개를 임진왜란 3대첩이라 한다. 대첩은 큰 승리를 뜻한다.

한산대첩

1592년(선조 25)에 이순신의 수군은 5월 29일부터 6월 10일까지 사천 선창, 당포, 당항포, 율포 해전 등에서 일방적으로 승리했으나, 육지에서는 계속 패전 소식만 들려왔다. 그렇게 되자 적은 해상에서도 다시 머리를 쳐들기 시작해 가덕도와 거제도 부근에서 적선이 10여 척에서 30여 척까지 떼를 지어 출몰하기 시작했다.

이런 보고를 접한 전라좌수사 이순신은 우수사 이억기와 연락하여 다시 출동했다. 이때 일본은 해상의 패전을 만회하려고 병력을 늘렸다. 와키사카 야스하루의 제1진은 병선 70여 척을 거느리고 웅천 방면에서 출동했고, 구키 요시타카의 제2진은 40여 척을, 제3진의 가토 요시아키도 많은 병선을 이끌고 합세했다.

이순신은 7월 6일 이억기와 더불어 전선 47척을 거느리고 좌수영을 출발해 노량에 이르러 경상우수사 원균의 함선 7척과 합세했다. 그리

고 7일 저녁 조선 함대가 고성 당포에 이르렀을 때 적함 70여 척이 견내량에 들어갔다는 정보를 접했다. 이튿날 이순신은 전략상 유리한 한산도 앞바다로 적을 유인할 작전을 세웠다.

한산도는 거제도와 고성 사이에 있어 사방으로 헤엄쳐 나갈 길도 없고, 적이 궁지에 몰려 상륙한다 해도 굶어 죽기에 알맞은 곳이었다. 먼저 판옥선 대여섯 척을 보내 적의 선봉을 쫓아가서 급습했다. 이에 적선이 일시에 쫓아 나오자 아군 함선은 거짓으로 후퇴하며 적을 유인했다.

아군은 예정대로 한산도 앞바다에 이르자 미리 약속한 신호에 따라 모든 배가 일시에 북을 울리며 뱃길을 돌렸다. 그리고 호각을 불면서 학익진을 펴 일제히 왜군을 향해 나아갔다. 모든 대포를 한꺼번에 쏘아 적선을 격파하고 불사른 것만 66척이나 되었다. 물에 빠지거나 찔려 죽은 일본 수군이 수백 명에 이르렀으며, 한산도로 도망친 400여 명은 군량 없이 13일 동안이나 굶주리다가 겨우 탈출했다.

진주대첩

1592년(선조 25) 10월 5일 진주에 이른 나가오카 다다오키의 왜군 2만여 명은 대나무 사다리 수천 개를 만들어 진주성을 공격했다. 이에 맞서 진주 목사 김시민이 지휘한 조선군 3800명도 치열한 공방전을 벌였다.

 조선군은 성문을 굳게 닫고 화약을 장치한 대기전을 쏘아 사다리를 파괴하고, 마른 갈대에 화약을 싸서 던지거나 끓는 물과 큰 돌을 던지는 등 필사적으로 싸워 열 배에 이르는 왜군의 공세를 막았다. 왜군은 10월 10일에 6일 동안 치른 큰 싸움으로 막대한 피해를 입고 후퇴했다. 조선은 이 싸움에 승리하면서 다른 경상도 지역을 보존했으며 적이 호남 지방을 넘보지 못하게 했다.

행주대첩

 권율은 임진왜란 초에 광주 목사로 있으면서 군사를 일으켜 공을 세워 전라도 순찰사가 되었는데, 그 뒤 중국 명나라 군사와 합세하여 서울을 되찾으려고 군사를 이끌고 수원성에 머물렀다. 그리고 1593년(선조 26) 2월, 1만여 병력을 행주 산성에 모이게 했다. 권율은 부하 장수 조경을 시켜 행주 산성을 수축하게 하고 목책을 만들게 했으며, 다른 지방의 장수들도 지원하기로 했다.

 한편 일본군은 이 무렵 전부 물러나기로 하고 서울 부근으로 모일 때여서 병력이 대단했을 뿐만 아니라, 1월 말 명나라와 벌인 벽제관 전투에서 승리한 직후여서 사기가 올라가 있었다. 결국 2월 12일 새벽 일본군은 3만여 병력으로 내습, 성을 여러 겹으로 포위하고 3진으로 나

누어 9차례에 걸쳐 종일 공격해 왔다. 이에 권율은 갖은 방법을 동원하여 왜군과 맞서 치열한 싸움을 계속했으며, 심지어 부녀자들까지 가세해 관민이 하나가 되어 싸웠다. 이때 부녀자들이 긴 치마를 잘라 짧게 만들어 입고 돌을 날랐는데, 여기에서 '행주치마'라는 명칭이 생겼다는 이야기가 있다. 마침내 일본군은 큰 피해를 입고 물러났고, 권율은 뒤를 쫓아 많은 적을 죽였다. 적의 장군 우키타 히데이에, 이시다 미쓰나리, 깃카와 히로이에 등에게도 부상을 입혔다. 권율은 이 공로로 도원수가 되었다.

이순신

그의 집안은 주로 문관 벼슬을 이어온 양반 계급이었다. 그러나 할아버지가 기묘사화에 관련되어 해를 입었다. 사화에 관련된 후손은 벼슬을 하기 어려웠다. 그의 아버지는 관직으로 나갈 생각을 버리고 평민으로 지냈다. 자연히 집안은 가난해졌다. 1545년 3월 8일(양력 4월 28일) 이순신은 당시 한성부 건천동에서 셋째 아들로 태어났다. 집안 사정으로 문과는 포기하고 무관이었던 장인의 영향으로 스물두 살에 무예를 배우기 시작하여, 1576년 봄 식년무과에 합격하여 그해 12월 함경도에 부임했다. 이후 임진왜란이 일어나기 1년 전까지는 여러 무관 장교직과 북쪽 국경 수비대의 만호(장교)로 근무했다.

임진왜란이 일어나기 1년 전인 1591년 2월 진도군수에 임명되었으나 부임 전에 다시 전라좌도 수군절도사로 임명되어, 2월 13일 정읍을 떠나 전라좌수영(지금의 여수)에 부임했다. 이순신이 수군절도사가 된 것은 당시에는 파격적인 승진으로 문제를 삼는 신하도 있었다. 이렇게 된 데에는 어린 시절 가깝게 지냈던 류성룡의 도움이 컸다. 아무튼 신하들이 문제를 삼아도 선조가 능력을 보고 추천한 것이니 괜찮다고 밀어붙여 부임하게 되었다. 이후 선조와 이순신의 사이가 안 좋아지긴 했으나 이순신을 임진왜란 전에 좌수사로 기용한 것은 정말 잘한 일이었고, 일본의 도요토미 히데요시에게는 엄청난 불운의 시작이었다. 부임 후 이순신은 왜구의 침략을 염려하여 바로 영내 각 진의 군비를 점검하고 철갑선인 거북선을 만들기 시작했다.

이순신이 전라좌수사에 취임한 이듬해인 1592년 임진왜란이 일어났다. 이순신의 전라좌도 수군 함대는 경상도 해역에 전후 네 차례 출동해 크고 작은 10여 회의 잇따른 해전에서 승리했다.

제1차 출전인 5월 4일 새벽에 전선(판옥선) 24척과 협선 15척 등 모두 85척의 함대를 이끌고 출동했다. 5월 7일 옥포에 이르러 왜선 40여 척을 섬멸하고 크게 이겼다. 제2차 출전인 5월 29일 사천 해전에서 적탄에 맞아 왼쪽 어깨에 중상을 입었으나 그대로 싸움에 임했고, 6월 5일의 당항포 해전 및 6월 7일의 율포 해전 등에서 모두 72척의 적선을 무찔렀다. 제3차 출전인 7월 8일의 한산 해전에서는 와키사카 야스하루의 일본 함대를 한산도 앞바다로 유인한 뒤 일제히 포위하고 공격해 적선 73척 중 12척을 뺏고 47척을 불태웠다. 7월 10일 안골포 해전에서는 적선 42척을 격파했다. 일본군 총사령관 도요토미 히데요시는 조선 수군의 능력을 알고 난 이후로는 바다에서 싸우지 말라고 지시했다.

제4차 출전에는 9월 1일 부산포에서 적선 100여 척을 격파했다. 1593년 7월 14일 본영을 여수에서 한산도로 옮겼으며, 8월 15일에는 해군 총사령관인 삼도 수군통제사로 임명되었다. 그러나 공이 높아질수록 시샘하는 자들이 많아졌다. 특히 경상 우수사 원균과 사이가 좋지 않았다. 선조는 이순신에게 계속 공격하라는 명령을 내렸는데 이순신은 확실한 정보가 없으면 잘 움직이지 않아 선조의 분노를 샀다. 결국 이순신은 모함을 받아 파직되고 수군을 원균에게 인계한 후 2월 26일 서울로 압송되어 3월 4일 투옥되었다. 후에 여러 신하들이 진정을 해 풀려났지만 일개 병사로 권율 장군 밑에서 근무하라는 명을 받았다.

원균이 이끄는 조선 함대는 일본 수군의 기습을 받아 참패했다. 배설이란 장수가 간신히 13척의 배를 가지고 도망쳤을 뿐 거의 전멸하고 말았다. 선조는 다시 이순신을 삼도 수군통제사로 임명했다. 이순신은

남은 전선 13척으로 9월 16일 명량에서 적선 200여 척과 맞서 싸워 이겼다. 전라도를 경유해 북쪽으로 올라가려던 일본의 작전이 실패하는 순간이었다.

1598년 8월 19일, 도요토미 히데요시가 죽자 왜군은 일제히 군사를 철수하기 시작했다. 순천에 있던 고니시 유키나가는 이순신에게 퇴로가 막혀 갇혀 있었다. 왜군은 고니시의 부대를 구하기 위해 500여 척의 함대를 보내고 11월 19일 새벽 노량에서 조선과 명의 연합 함대와 부딪쳐 전투가 벌어졌다. 11월 19일(양력 12월 16일) 새벽, 이순신은 왼쪽 가슴에 적의 탄환을 맞고 전사했다. 그리고 숨을 거두며 이 말을 남겼다.

"싸움이 바야흐로 급하니 내가 죽은 것을 알리지 말라."

유성룡

유성룡은 임진왜란 때 위태롭던 조선에서 전쟁을 승리로 이끄는 데 큰 공을 세운 문신이다. 전쟁은 군인이 하나 전략을 세우고 물자를 공급하며 장군을 임명하는 것은 왕과 중신의 몫이었다. 유성룡은 1542년 경상도 의성에서 태어났다. 이황의 문하에서 공부하고 1566년 별시 문과에 급제하여 벼슬길에 올랐다. 1590년 우의정이 되었는데 왜구의 침입에 대비하여 권율과 이순신을 의주 목사와 전라 좌수사에 천거했다. 권율과 이순신은 임진왜란 때 왜군을 무찌른 장수이니 그들을 천거한 유성룡의 공이 크다고 하겠다.

1592년 임진왜란이 일어나자 유성룡은 병조 판서로서 군무를 아우르는 도체찰사를 맡았다. 명나라 장수 이여송과 함께 평양성을 공격해 되찾고, 각종 전쟁 물자를 조달하고 땅에 떨어진 민심을 수습하는 데 힘썼다. 유성룡은 《서애집》과 《징비록》을 비롯해 많은 책을 남겼다.

광
해
군

16년 동안 세자로 지낸 왕

 선조는 왕이 된 지 41년(1608)에 병이 들어 사경을 헤매기 시작했다. 명의 허준도 어쩔 수 없는 중병이었다. 세자 광해군대신 선조는 영창대군에게 왕위를 물려주고 싶었다. 광해군은 정실 왕비의 소생이 아니었다. 세자로 책봉된 것도 임진왜란 때문에 나라를 안정시키려고 부랴부랴 서두르느라 그런 것이었다.

 광해군은 왕자들 중에서 학문이 깊고 품행이 좋았으며 효성도 지극했다. 선조가 시험 삼아 왕자들에게 물은 적이 있었다.

"반찬 중 제일 좋은 것이 무엇이냐?"

그러자 광해군이 대답했다.

"소금입니다."

선조는 그 이유를 물었다.

"소금이 없으면 백 가지 맛을 이루지 못하기 때문입니다."

그러자 선조가 또 물었다.

"너희가 부족하게 여기는 것이 무엇이냐?"

"어머니가 일찍 돌아가신 것을 마음 아프게 생각합니다."

광해군이 이렇게 대답하니 선조는 기특하게 여겼다. 이 일로 광해군은 세자 자리에 오를 수 있었다.

임진왜란이 일어나자 광해군은 세자로서 분조(조정을 둘로 나누는 것)를 했다. 선조는 신하들과 의주로 가고 세자는 다른 신하들과 다른 곳으로 가 병사를 모으고 나라를 다스렸다. 임진왜란이 끝나고 선조가 새로 맞아들인 정실 왕비 인목 왕후에게 아들 영창 대군이 태어났다. 선조는 영창 대군에게 왕위를 물려주려다가 갑자기 병이 들어 승하했다. 광해군은 이렇게 어렵게 왕이 되었는데 세자가 된 지 16년 만의 일이었다.

왕위를 위해 형제들을 죽이다

정실 왕비의 자식이 아니었던 광해군은 왕위를 지키는 데 위협이 될 만한 사람을 모두 죽였다. 그중에는 형제도 있었고 조카도 있었다. 가장 위험한 사람이 형 임해군과 정실 왕비의 아들이자 아우인 영창 대군이었다.

광해군은 즉위한 지 한 달 만에 귀양 가 있던 정인홍, 이이첨, 이경전 등을 불러올렸다. 그리고 유연경을 비롯한 대신들을 귀양 보냈다. 다음은 임해군 차례였다. 임해군이 역모를 꾸몄다는 죄목으로 임해군의 노비들을 고문해서 강제로 임해군이 반란을 꾀했다는 자백을 받았다. 그때 죽은 노비가 100명이 넘었고 임해군은 귀양을 갔다. 하지만 이이첨의 사주를 받은 지방 수령에게 죽임을 당하고 말았다. 임해군이 어떻게 죽었는지는 제대로 밝혀지지 않았다. 그리고 조카 진릉군마저 죽임을 당했다. 광해군 5년에는 역모를 꾀했다는 이유로 영창 대군 역시 유배를 갔다가 죽었다. 영창 대군의 외할아버지 김제남도 사약을 받고 죽었으며 영창 대군의 어머니 인목 대비는 대비 자리에서 쫓겨났다.

명나라와 청나라 사이에서 절묘한 외교를 하다

명나라는 이미 지는 해였다. 새로 일어나는 청나라의 기세에 눌려 망할 날만 기다리고 있었다. 조정 신하들은 임진왜란 때 원군을 보내

준 명나라에 의리를 지켜야 한다고 믿었지만 광해군은 그렇게 생각하지 않았다. 임진왜란이라는 큰 전쟁을 치른 조선은 명나라와 청나라의 다툼에 말려들 여유가 없었다. 광해군은 두 나라 사이에서 조선의 실리를 위해 어느 한 쪽에도 치우치지 않는 절묘한 외교술을 보여 주었다.

청나라가 명나라를 공격하자 명나라는 조선에 원군을 보내 달라고 했다. 임진왜란 때 도와줬으니 갚으라는 것이었다. 광해군은 미루다가 재촉을 받고서 마지못해 일만 군대를 보냈다. 그러면서 총사령관 강홍립에게 비밀리에 명령을 내렸다. 어쩔 수 없이 출전하는 것이니 형세를 보아 움직이라는 것이었다.

전쟁은 청나라의 승리로 돌아가고 조선군도 포위를 당했다. 그러자 강홍립은 군사와 함께 항복했다. 조선에서는 항복한 강홍립의 가족을 벌하자고 했으나 광해군은 듣지 않았다. 얼마 후 누르하치는 조선의 입장을 이해한다는 서신을 보냈고 광해군도 화평하게 지내자는 뜻으로 물자를 보냈다.

이런 광해군의 외교 덕분에 조선은 명과 청 두 나라에게 큰 피해를 입지 않았다.

대동법 시행

광해군이 즉위한 1608년 경기도에 대동법을 시행했다. 이 법은 백성

에게 받는 여러 가지 세금을 쌀로 통일해 받도록 한 제도였다. 세금의 종류에는 토지에 매기는 조, 사람에 매기는 용, 그리고 토산물에 매기는 조가 있었다. 그중 토산물을 바치는 것이 문제였다. 그 지방에서 나지 않는 것을 바치라고 하면 그 물품을 다른 곳에서 사야 했다. 경기도에서 먼저 실시된 대동법이 효과를 보이자 강원도, 충청도, 전라도로 확대됐다. 대동법이 전국으로 시행되는 데는 100년이 걸렸다. 그 이유는 토산품으로 이권을 챙기던 상인과 관리가 반발했기 때문이다.

허균

허균은 강릉 사람으로 누이인 허난설헌과 함께 조선 문학의 천재로 알려졌다. 최초의 한글 소설인 《홍길동전》을 지었는데 소설에서 양반 사회의 모순을 꼬집고 새로운 사회를 꿈꾸었다. 1569년에 태어나 선조 27년(1594)에 과거에 급제해 벼슬길에 올랐다. 사관직인 검열을 비롯해 세자시강원 설서 등을 지내다가 황해도 도사가 되었으나 얼마 안 있어 파직되었다.

허균은 후처의 소생이라 벼슬을 하고 싶어도 할 수 없는 서자의 서러움을 익히 알고 있었다. 벼슬살이는 파직과 복직을 되풀이한 날들이었다. 허균은 기생을 가까이한다거나 나쁜 무리와 어울린다는 상소 때문에 벼슬에서 쫓겨났다. 광해군 때 허균은 인목 대비를 폐하는 데 관여한 것이 화근이 되었다.

신하들이 한목소리로 아뢰었다.

"허균은 천지 간 괴물입니다. 경운궁에 격서를 던지는 등 온갖 수단을 동원해 역모를 꾸민 것이 이미 천하에 드러났습니다. 게다가 허균이 그동안 한 일을 보면 악이란 악은 모두 갖추고 있습니다. 도리를 어지럽힌 더러운 행동을 보면 사람이라 할 수 없으며 요망스러운 말을 만들어 내는 것이야말로 허균의 재주입니다. 속히 국문을 내리소서."

1618년 허균은 역적으로 몰려 죽었다. 그때 허균은 딸과 손녀에게 그동안 쓴 글을 모두 넘겨 보관하도록 했다. 아들들은 함께 사형당했지만 딸들은 처벌받지 않았기 때문에 허균의 글이 후대에 전해질 수 있었다.

인조

이괄의 난

　인조는 선조의 손자로 정원군의 맏아들로 태어났다. 이름은 종이고, 자는 화백이다. 1623년 김류, 이귀, 최명길, 김자점, 이괄 등의 도움으로 반정을 일으켜 광해군을 쫓아내고 왕이 되었다. 그런데 공을 세운 신하들에게 상을 줄 때 문제가 생겼다. 2등 공신으로 임명된 이괄이 불만을 품었다. 그때 이괄은 평안 감사로서 군대를 거느리고 북방 국경을 지키고 있었다. 이윽고 이괄이 역모를 꾸몄다는 고발이 들어왔다. 인조는 이괄이 그럴 리 없다며 대신 그 아들을 잡아 오라고 금부도사를 보냈다. 이괄은 하나밖에 없는 아들을 잡으러 오자 부하들을 모아 이렇게 말했다.

"나에게 자식이라곤 이 아이 하나인데 이제 그 자식이 붙잡혀 가 죽게 되었다. 이렇게 된 마당에 어찌 그 아비인들 무사하겠는가. 잡혀 죽으나 반역하다 죽으나 죽는 것은 똑같다. 사내가 어찌 머리를 숙이고 죽음을 맞겠는가?"

이괄은 군대를 모아 한양으로 향했다. 군대는 1만 2000명이 넘었다. 관군이 막아섰으나 이괄의 군대에 모두 지고 말았다. 그리고 인조는 한양을 떠나 피란길에 올랐다. 공주에 닿을 때까지 고생은 말이 아니었다. 백성은 인조에게 싸늘했다. 이괄은 백성의 환영 속에 한양에 들어섰고 도원수 장만이 군대를 이끌고 한양을 포위했다. 두 군대 사이에 전투를 벌였는데 이괄이 패해 이천까지 달아났으나 부하에게 죽임을 당했다.

병자호란

인조반정의 성공은 외교에 변화를 가져왔다. 광해군을 쫓아낸 서인은 명나라와 의리를 중요하게 생각했다. 자연히 청나라는 조선을 의심하기 시작했다. 청나라로서는 명나라와 싸우기 전에 먼저 청나라 뒤에 있는 조선을 굴복시켜야 했다.

인조가 왕이 된 지 5년이 지난 1627년 청나라 태종은 군사 3만 명을 이끌고 조선으로 쳐들어왔다. 그러자 인조는 강화도로 달아났다. 곳곳에서 의병이 일어나 청나라 군대가 물러가는 길을 막았고, 청나라는 형제의 맹약을 맺고 물러났다.

그런데 1636년 청나라는 조선에게 신하의 예를 갖추라고 했다. 조정에서는 싸우자는 쪽과 화친을 맺자는 쪽이 맞서다가 결국 싸우자는 쪽이 이겼다. 조선이 싸울 준비를 하기도 전에 청나라는 국경을 넘었다. 조선은 기마병인 청군이 물에 약할 것이라고 여겨 남한산성과 강화도를 방어선으로 삼았는데 그 예상은 빗나갔다. 청나라는 산성을 공격하지 않고 곧장 한양으로 향했다. 조선의 압록강을 넘은 지 엿새 만에 한양에 닿았다. 청나라는 한양 근방 길을 다 막았다. 강화도로 피란 가려던 인조는 할 수 없이 남한산성으로 향했다. 이조 판서 최명길이 적진으로 들어가 시간을 버는 동안 인조는 남한산성으로 들어갔다. 남한산성은 지형이 험해서 연락하기 어려운 곳이었다. 인조가 이곳에서 45일이나 버티는 동안 구원병은 오지 않았다.

그런 중에 청나라는 강화도로 피란 갔던 왕족을 모두 사로잡고 인조는 삼전도에서 청나라 태종에게 무릎을 꿇고 항복했다. 세자와 대신, 그리고 수많은 백성이 청나라에 볼모로 잡혀갔다.

소현 세자의 죽음

소현 세자는 청나라에 볼모로 잡혀가 심양(청나라 수도)에서 8년 동안 살았다. 조선의 대사 역할을 하며 청나라 고관과 친하게 지냈다. 그런데 조선의 임금을 소현 세자로 바꾸고 인조를 청으로 불러들인다는 소문이 조선에 퍼졌다. 인조로서는 반갑지 않은 소문이었다.

마침내 8년 만에 소현 세자는 돌아온 지 얼마 안 되어 병을 얻어 며칠 만에 죽었다. 온몸이 다 검은빛을 띠었고 얼굴의 일곱 구멍(눈, 귀, 코 입)에서는 모두 피가 흘러나왔다. 그래서 검은 천으로 얼굴을 반만 덮어 놓았으나 아무도 그 얼굴빛을 알아볼 수 없으니 마치 약물에 중독되어 죽은 사람 같았다. 그런데 이 사실을 밖에서 아는 사람이 없었고, 인조도 알지 못했다. 인조는 소현 세자의 아들이 아닌 다른 왕자를 세자로 세웠다. 그리고 소현 세자빈은 역모를 꾀했다 하여 죽임을 당했다.

일찍이 인조가 소현 세자의 세자빈을 고를 때 마음에 든 규수가 있었는데 그 규수는 법도에 어긋나게 먹을 것을 손가락으로 집어 먹었다. 그래서 세자빈 간택에서 떨어진 규수는 다른 곳으로 시집가서 아주 잘 살았다. 그 소식을 들은 인조가 탄식하며 말했다.

"내가 그 꾀에 넘어갔도다."

그 규수는 세자빈 자리가 자칫 목숨마저 위험할 수 있다는 것을 알고 있었던 것이다.

여진족

여진족은 동부 만주에 살던 유목민이다. 춘추 전국 시대에는 숙신, 한나라 때에는 읍루, 남북조 시대에는 물길, 수·당나라 때에는 말갈로 불렀다. 10세기 초 송나라 때 처음으로 여진이라고 불렀다가 청나라 때 만주족이라고 바꾸어 부른 것이다.

여진족이 우리나라와 관계를 가진 것은 발해가 망한 뒤 그 땅에 살기 시작한 고려 초기부터이다. 특히 고려의 북서부에 있던 압록강 유역의 서여진과 동북의 함경도 일대에 살던 동여진과 관계가 있었다. 왕건의 북방 개척에서 비롯된 일이다. 고려 초기에 여진은 고려를 상국으로 섬겼고, 고려는 무역을 허락하고 귀화한 여진족에게는 집과 땅을 주어 살게 했다. 여진족은 활, 말, 화살, 모피 등 무기를 조선에 바쳤다. 그리고 의료, 식량, 농기구, 그릇 등 생활필수품을 주로 사갔다.

이와 같은 고려의 회유 정책에 따라 여진족과 화평하게 지냈다. 그러나 숙종 때 하얼빈 지방에서 일어난 완옌부 추장 영가가 여진족을 통합해 북간도 지방을 손에 넣은 뒤 두만강까지 내려왔다. 1104년(숙종 9) 영가의 뒤를 이은 조카 우야슈는 고려에 속한 여진 부락을 공격했다. 고려에서는 문하시랑평장사(종이품 벼슬) 임간을 보내 우야슈를 치게 했으나 실패하고, 다시 추밀원사(종이품 벼슬) 윤관을 보내 겨우 화친을 맺었다. 두 차례에 걸친 고려의 패전으로 정평, 장성을 뺀 나머지 여진 부락은 완옌부의 손에 들어갔다. 윤관은 숙종에게 패전의 원인을 보고하면서 기병을 양성하고 군량을 비축할 것 등을 건의했다. 이에 따라 신기군, 신보군(보병), 항마군(승려 부대)으로 이루어진 별무반을 편성하여 특별 부대로 훈련시켰다.

1107년(예종 2) 고려는 윤관을 도원수로, 오연총을 부원수로 하여 군사 17만 명을 모아 함흥평야 일대의 여진족을 토벌하고 북청까지 올라가 함주를 중심으로 9성을 쌓았다. 그리고 그곳에 남방 백성을 살게 했다. 그러나 9성을 지키는 것이 어려웠다. 여진족이 9성을 돌려 달라고 애원하여 성을 쌓은 지 만 1년 만에 여진족에게 돌려주었다. 그 뒤 아구다가 여진의 여러 부족을 통일하여 1115년 국호를 금이라 하고, 1117년 고려에 형제의 나라를 요구했다. 1125년 요를 멸망시킨 뒤에는 고려에 신하의 예를 강요할 뿐만 아니라 고려와 송나라의 교류에도 간섭했다. 그리하여 고려는 금나라와 타협했다. 1234년 금나라가 몽고에 의해 멸망하자 여진족은 만주 지방에서 부족 단위로 흩어져 살면서 압록강과 두만강 연안에서 자주 소란을 피웠다.

조선 초기의 여진 정책은 회유와 무력을 둘 다 썼다. 회유 정책으로는 귀순을 장려하여 벼슬과 땅, 집을 주었다. 1406년(태종 6)에는 함경도 경성과 경원에 무역소를 세우고 조공 무역과 국경 무역을 허락했으며, 한양에는 여진 사신을 접대하는 북평관까지 세웠다. 여진은 말, 모피 등 토산물을 바치고, 식량·농기구·종이 등을 가지고 갔다. 무력 정책으로는 국경 지방에 진과 보를 세워 방어했고, 굽히지 않는 여진은 그 본거지를 쓸어버렸다.

태조는 경원에 성보와 주·군과 역참을 두었다. 1403년(태종 3)에는 강계부, 1414년에는 여연군을 두었다. 세종은 4군 6진을 개척하여 압록강에서 두만강에 이르는 연안선을 확보하고 그곳에 남쪽 지방 사람을 이주시켰다. 세조 때는 남이·어유소 등이 압록강변 여진을 토벌했고, 신숙주는 회령 부근의 여진을 몰아낸 뒤 모련위 여진족의 근거지를 토벌하고 남쪽 백성 1만 명을 이주시켰다.

1479년(성종 10)에는 서북 방면의 건주위 여진족이 쳐들어와 도원수 윤필상이 이를 물리쳤고, 1491년에는 동북 방면의 여진족 추장 우디거 부족이 회령의 조산보에 쳐들어와 도원수 허종이 이를 물리쳤다. 그 뒤 1616년(광해군 8) 여진의 추장 누루하치가 후금을 세우고 1627년(인조 5)에는 정묘호란, 1636년에는 병자호란을 일으켜 조선을 침략하였다.

효종

청나라에 원수를 갚으려 한 왕

효종은 인조의 둘째 아들로 태어났다. 타고나기를 효성이 지극해 인조의 사랑과 기대가 높았다. 병자호란이 일어나자 아우와 함께 강화도로 옮겨 갔다가 포로로 잡혔다. 아버지 인조가 삼전도에서 청나라 황제에게 항복하는 치욕스러운 모습을 보았다. 이듬해에는 형 소현 세자와 함께 중국 심양으로 볼모로 잡혀가 8년 동안 살았다. 그곳에서 잡혀 온 조선 사람들의 어려운 삶을 보면서 복수를 다짐했다.

그 뒤 조선으로 돌아온 효종은 인조가 창덕궁에서 승하하고 닷새 뒤에 왕위에 올랐다. 효종의 이름은 호이고, 어머니는 인열 왕후 한씨이다. 효종은 군비를 늘리기 시작하고 청나라를 치겠다는 북벌 계획을 세웠다. 그러다 보니 경제 문제로 대신들과 자주 부딪쳤다. 조선은 전쟁을 치르기에는 힘이 없었다. 청나라는 하루하루 강해져 가는데 조선은 잇단 흉년이 들어 먹고살기가 어려웠다. 효종은 김집, 송준길, 송시열 등을 불러들였다. 나라를 일으키고 병사를 키우고자 했다.

'하늘이 나에게 일찍 어려움에 빠지게 하여 활 쏘고 말달리는 일에 익숙해졌다. 또 나를 오랑캐 땅에 들어가게 해 그들의 산천과 도로를 익히 알게 했으며 오랑캐를 두려워하는 마음을 갖지 않게 되었다.'

효종은 이렇게 생각했다.

러시아 격파

15세기 후반 몽골의 지배에서 벗어난 러시아는 자원이 풍부한 흑룡강 유역으로 진출했다. 그곳에 성을 쌓고 모피 등을 팔며 살았다. 그런데 주변 사람들과 부딪치더니 청나라 군대와도 말썽이 생겼다. 청나라 군대는 러시아를 쫓아내려 했지만 무기가 낡아 러시아를 당해 내지 못했다. 할 수 없이 청나라는 조선에 사신을 보내 조선의 최신 조총병을 보내 달라고 했다. 조선은 조총병 100명을 보내 러시아를 꺾었다. 이것이 제1차 러시아 정벌이다.

몇 년 뒤 청나라는 또다시 조총병 200명을 보내 달라고 했다. 조선은 조총병을 이끌고 러시아를 격파하고 돌아왔다. 이것이 제2차 러시아 정벌이다.

갑작스러운 죽음

효종은 귀밑에 종기가 생겨 침을 맞다가 죽었다. 침을 맞은 자리에서 피가 그치지 않고 계속 솟아 나왔다. 침이 혈락을 건드렸기 때문이다. 피를 빨리 멈추게 하는 약을 발랐는데도 피가 그치지 않았다. 의관들은 어찌할 바를 몰랐다. 효종의 증세가 더욱 위급해지니 약방에서 탕약을 지어 올렸다. 승지와 사관, 여러 신하들이 방으로 들어가 침상 밑에 엎드렸다. 그러나 효종은 이미 승하했고 왕세자는 가슴을 치며 통곡했다. 효종의 죽음으로 북벌은 끝이 났다. 그 뒤로는 북벌을 내세운 왕은 두 번 다시 나오지 않았다.

송시열

송시열은 1607년 충청도 옥천에서 태어났다. 어려서부터 총명해 일찍 글을 깨쳤는데 특히 주자의 학문을 좋아했다. 김장생, 김집 부자에게 글을 배웠다. 1633년(인조 11)에는 생원시에 장원 급제하여 벼슬길에 올랐다. 1635년에는 봉림 대군(효종)의 사부가 되었다. 이듬해 병자호란이 일어나 세자가 청나라에 볼모로 잡혀가게 되자 송시열은 고향으로 내려가 10년 넘게 공부했다. 1649년 효종이 왕위에 올라 송시열은 다시 벼슬길에 올랐다. 이때 큰 뜻을 받들고 청나라에 복수해 치욕을 씻자고 주장해 효종의 신임을 얻었다.

송시열은 정통 성리학자로서 주자학설을 신봉하고 실천하는 것을 중요하게 생각했다. 주자학의 삼강오륜을 사회 운영 원리로 보고 청나라에 대한 복수의 근거를 명나라에 대한 군신 관계에서 찾았다.

송시열이 강조했던 것은 세도 정치였다. 신하가 막강한 권력을 잡고 나랏일을 보는 것이다. 송시열이 지은 책으로는 《주자대전차의》와 《주자어류소분》 등이 있다.

현종

    1659년 효종이 죽었다. 청나라에 복수하기 위해 바친 10년이란 세월 동안 인재를 뽑아 나라의 기틀을 다지고 용맹한 장수를 가려 썼다. 그리고 10만 대군을 길렀지만 끝내 청을 무너뜨릴 기회는 오지 않았다. 조선이 힘을 모으는 동안 청은 더욱 강해져 갔다. 송시열을 우두머리로 하는 신하들은 겉으로는 왕의 말을 듣는 척했지만 속으로는 전쟁을 반대했다. 현종은 이런 상황에서 열아홉 살에 왕이 되었다. 현종의 이름은 연이고, 자는 경직이다. 효종의 맏아들로 어머니는 인선 왕후 장씨이다. 아버지 효종의 신하는 서인이었다. 서인은 때로는 왕조차

가볍게 보고 권세를 누렸다. 현종은 송시열을 비롯한 신하들에게 눌려 지냈다. 어머니의 장례에 상복을 입는 날짜를 놓고 벌인 논쟁은 마지막 승부수였다. 현종은 서인의 주장을 물리치고 남인의 주장을 받아들여 서인 정권을 무너뜨렸다. 비록 기를 펴지 못하는 왕이었지만 아들 숙종만큼은 제 뜻을 펼 수 있는 기틀을 마련해 주었다.

《조선왕조실록》 해설

❀조선 시대 역사의 총결산

김유중(서울대학교 국어국문학과 교수)

❀《조선왕조실록》을 어떻게 읽어야 할까?

　《조선왕조실록》은 역사에 실제로 존재했던 인물들을 바탕으로 그에 얽힌 사실을 전달하는 책이다. 제목에서도 보이듯 조선 시대의 역사를 각 왕을 중심으로 구체적인 사실에 바탕을 두고 썼다. 이렇게 당시 왕들의 주변에서 보고 들은 내용을 기록했기에 현장감도 생생히 전달된다.
　그런데 우리는 《조선왕조실록》을 왜 읽어야 할까? 《조선왕조실록》에는 각 왕조별로 전대 왕의 역사를 기록하고 있다. 이는 지난 왕조의 업적을 기록한다는 의미도 있지만, 역사의 좋은 점과 나쁜 점을 알아보고 지금의 왕조가 나아가야 할 바를 배우기 위한 것이었다. 따라서 《조선왕조실록》은 인간이 살아가고 생활한 역사의 현장이라는 점에서 현재의 우리도 나아갈 방향을 세우는 데 도움이 된다.

❄《조선왕조실록》에 대해 알아 두어야 할 몇 가지 특징

먼저 《조선왕조실록》에 대해 몇 가지 배경과 지식들을 알아 두면 이 책을 이해하기 쉽다. 《조선왕조실록》을 누가, 언제, 어떤 방식으로 썼는지, 기록한 역사의 범위와 책의 규모, 《조선왕조실록》을 집필하는 데 중요한 자료가 되었던 사초에 대해서 알아보자. 그리고 《조선왕조실록》이 어떻게 전해져 왔으며 역사적인 가치는 어떠한지도 알아보자.

《조선왕조실록》은 누가 언제 어떻게 지었을까?

《조선왕조실록》은 태조로부터 철종에 이르기까지 25대 472년간의 역사를 연월일 순서에 따라 편년체로 기록한 역사책이다. 편년체는 역사적인 사건을 연월일 순서에 따라 기록하는 방식이다. 그러면 왕의 역사는 언제 기록으로 정리했을까? 왕이 죽고 그 왕조가 끝나면 다음 대에서 전대 왕의 역사를 정리하는 방법으로 이루어졌다. 제목에서 보이는 '실록'이라는 명칭에 그 의미가 담겨 있다. 그래서 《조선왕조실록》은 대대로 전대 왕의 역사를 정리한 자료를 축적한 것이다.

그런데 《조선왕조실록》을 집필한 사람은 다음 대의 왕과 학자들이 아니었다. 전대 왕의 역사를 객관적으로 정리하려면 자료가 필요하다. 그 자료가 바로 전대 왕 옆에서 사관이 보고 들은 내용을 기록한 '사초'이다. 사관은 당시 역사학자로, 사초에 왕에게 일어난 일과, 각 지방에서 일어난 사건들을 모두 기록했다. 이를 바탕으로 다음 대의 학자들이 전대 왕의 역사를 정리했다. 그래서 《조선왕조실록》을 쓴 사람은 전대 왕의 사관을 비롯해 후대 왕의 학자들까지 걸쳐 있다.

이렇게 《조선왕조실록》을 정리하는 과정은 총 세 단계로 이루어졌다. 첫 번째 단계는 전대 왕조가 끝나고 다음 왕 때에 설치된 실록청에서 전대에 기록한 사초의 내용 가운데 중요한 부분을 뽑아 작성했다. 두 번째 단계는 앞에서 작성한 내용 가운데 빠진 내용을 넣고 필요 없는 부분은 없애고 잘못된 내용을 수정했다. 세 번째 단계는 두 번째 단계에서 작성된 내용 중 잘못된 부분을 다시 수정하고 형식과 문장을 하나로 통일했다. 이렇게 《조선왕조실록》은 체계적인 과정을 거쳐 만들어졌다.

《조선왕조실록》의 범위와 규모

본래 《조선왕조실록》은 총 1893권 888책이 간행되어 범위와 규모가 방대한 책이다. 이 책에서 다루고 있는 《조선왕조실록》은 1권에서는 현종까지 2권에서는 철종 이후 고종과 순종 그리고 한일 합병 조약까지 다루고 있다.

일제 강점기에도 《고종황제실록》과 《순종황제실록》이 있었다. 하지만 일본의 지시를 받아 강제로 쓴 것이며 사실을 왜곡해 실록으로서의 가치가 없다. 이는 《이조실록》이라는 명칭에서도 드러나고, '조선'이라는 국호도 들어가 있지 않으니 《조선왕조실록》이라고 보기 어렵다.

《조선왕조실록》과 사초의 관계

실록의 토대가 되는 사초는 기록하는 사관의 지위에 따라 차이가 있다. 보통 두 가지로 나뉘는데 왕 옆에서 사관이 직접 보고 들은 사항을 기록하여 춘추관에 제출한 사초와, 사관이 인물에 대한 비밀스러운 일을 기록한 '사장 사초'가 있다. 이 사초는 사관들이 가지고 있다가 후에 실록을 편찬할 때 실록청에 직접 제출했다.

이처럼 '사초'는 실록을 집필할 때 아주 중요한 자료로 오직 사관만 볼 수 있었다. 그런데 이를 어기고 왕이 보거나 집권하는 세력에 따라 자신들에게 이롭게 수정하는 일이 종종 일어났다. 그렇다 보니 사관들은 자신이 작성한 내용 때문에 화를 당할까 두려워하며, 사초의 내용을 빼거나 바꾸는 일이 생겨났다. 이런 일을 막기 위해 나중에는 사초에 사관들의 이름을 반드시 기록하도록 했다.

《조선왕조실록》은 어떻게 전해져 왔는가?

《조선왕조실록》은 중요한 자료인 사초와, 첫 번째와 두 번째 단계에서 작성된 원고가 밖으로 새어 나가지 않도록 하는 데 주의를 기울였다. 그리고 종이를 재생하기 위해 시냇물에 씻기도 했다. 그리고 세 번째 단계에서 완성된 실록은 사고에 보관했다. 사고는 실록을 보관하기 위한 창고이다. 이렇게 보관된 실록은 3년에 한 번씩 꺼내서 깨끗하게 손질했다. 이때에도 내용이 새어 나가지 않도록 담당 사관만 들어가는 등 비밀을 유지하는 데 주의를 기울였다.

사고는 당시 역사를 담당하는 관청인 춘추관과 충주, 전주, 성주 등 총 네 군데에 설치되었다. 그리고 왕이 바뀔 때마다 태백산, 묘향산, 오대산, 정족산 등 실록을 보관하는 사고도 바뀌었다. 임진왜란이나 병자호란 같은 전쟁이 일어나 실록이 망가지고 사라지는 일을 방지하기 위한 것이었다. 또한 본래 실록이 완성되면 같은 것을 3부 더 만들어서 각각의 사고에 보관했으며 경우에 따라 5부를 더 만들기도 했다.

《조선왕조실록》의 역사적 가치

《조선왕조실록》은 현재 국보 제151호로 지정되어 있다. 그리고 1997년에는 《훈민정음》과 함께 유네스코 세계 문화 유산으로 등록되어 세계적으로 가치를 인정받고 있다. 하지만 《조선왕조실록》은 오랜 세월을 거치면서 전쟁때 없어지거나, 일제 강점기 때에는 일본에 빼앗기기도 했다. 당시 일본은 우리나라의 역사와 문화를 연구한다며 일본으로 《조선왕조실록》을 가져갔다. 그리고 병인양요 때 프랑스 군대가 강화도에서 약탈해 간 실록은 2011년에야 겨우 우리나라로 돌아왔다. 하지만 5년마다 프랑스에서 임대를 해야 하는 방식으로 완전히 돌아왔다고 보기는 어렵다.

그래도 《조선왕조실록》은 조선 시대의 역사를 알 수 있는 중요한 자료가 분명하다. 왕이나 당시 권력을 잡고 있던 인물들 중심으로 기록했지만 조선 시대의 정치, 제도, 외교, 군사, 경제, 문화, 풍속 등 여러 방면에 걸쳐 살아 있는 역사를 전해 주는 책이다. 이러한 역사적인 가치를 깨달아 《조선왕조실록》에 대한 자부심을 가져도 좋을 것이다.

《조선왕조실록》 깊이 알기

앞에서 본 것처럼 《조선왕조실록》은 내용이 매우 방대해 하나하나 살펴보기는 어려워 공통 사항을 중심으로 몇 가지 특징을 살펴보겠다. 《조선왕조실록》의 내용을 왕들이 왕위에 있는 과정에서 얽힌 일화, 신하를 중심으로 한 주변 인물의 업적과 행적, 주변 나라와의 대외 관계와 정책, 조선 내부의 제도 변화와 특징, 조선의 문화와 풍속 등을 차례로 살펴보고자 한다.

왕위에 오르는 과정과 왕들에게 얽힌 일화

《조선왕조실록》은 왕을 중심으로 역사를 서술했기에 각 왕이 어떤 과정을 거쳐 왕위에 올랐는지, 특별한 일은 무엇이 있었는지 자세히 언급했다. 먼저 고려에서 독립한 조선이라는 나라가 형성되는 과정을 기록했다. 조선의 태조가 되는 이성계는 고려가 강대국인 명나라를 이긴다는 것은 불가능하다고 생각해 명나라와의 전쟁을 반대했다. 하지만 고려의 우왕을 비롯한 최영은, 고구려의 옛 땅을 찾기 위해 전쟁을 했다. 그때 이성계는 위화도에서 군사를 돌려 자신이 정권을 잡고 조선을 세웠는데 이를 위화도 회군이라 한다.

이처럼 이성계가 조선을 세우고 조선의 역사가 시작되었다. 이후 세종대왕 같은 학문적으로 뛰어난 왕은 나라를 위해 여러 가지를 개혁했으나 악역을 맡은 왕도 있었다. 태조의 아들 이방원이 대표적이다. 그는 주변의 반대를 무릅쓰고 자신의 형제를 죽이고 왕이 되었다. 당시에는 재상을 중심으로 나라를 다스리는 체제가 가장 이상적인 통치 방식이었는데, 고려에 충성하고 반란을 꿈꾼다고 의심되는 신하가 있으면 망설이지 않고 없앴다. 심지어 처가인 민씨 집안도 예외는 아니었다. 따라서 태종 이방원은 왕이 모든 권한을 가지도록 한 체제를 마련한 인물이다.

반면 왕위에 올라서도 왕으로 인정받지 못하거나 왕의 칭호를 받지 못한 왕도 있었다. 대표적인 왕이 조선의 다섯 번째 왕인 단종이다. 열두 살에 왕위에 올랐기에 자신의 힘으로 나라를 통치할 수 없는 상황이었다. 결국 숙부인 수양 대군과 안평 대군이 경쟁을 하다가 수양 대군이 그 자리를 차지하고 단종은 귀양을 가 열일곱 살에 세상을 떠났다. 또한 연산군과 같이 왕의 호칭을 얻지 못한 왕이 또 있었는데 바로 광해군이다. 그는 16년 동안 세자로 있다가 왕이 되었다. 하지만 정식 왕비의 자식이 아니었기 때문에 왕위를 위협할 만한 인물들은 모조리 죽였다고 한다.

신하를 중심으로 한 주변 인물의 업적과 행적

《조선왕조실록》에서는 왕을 중심으로 역사를 서술하는 가운데 왕의 주변에 있었던 뛰어난 신하뿐만 아니라 각 시대를 대표하는 뛰어난 인물에 대해서도 기록해 놓았다. 그 예로 정몽주와 황희를 들 수 있다. 고려의 충신 정몽주는 이성계가 조선을 세울 때 고려를 개혁해야 된다는 생각에는 변함없었으나, 왕조를 바꾸는 데는 동의하지 않았다. 끝까지 고려에 대한 지조와 절개를 지키다가 이성계의 아들 이방원에게 죽임을 당하였다. 하지만 황희는 정몽주와 비슷한 상황에서 조선으로 나아가 벼슬을 한 인물이었다. 신하로서 세종이 국가의 기틀을 바로잡는 것을 돕고, 왕과 신하의 마찰을 줄이는 역할을 해 나라가 태평성대를 이루는 데 공헌했다. 또 한 명 빼놓을 수 없는 학자로는 이이가 있다. 이황과 더불어 성리학의 양대 산맥으로 꼽히는 학자이다. 이이는 신사임당의 아들로 학문에 뛰어났으며, 관직에 진출해서는 세금과 국방을 개혁해야 한다고 주장했다. 이황은 관직에서 물러난 뒤 도산서원을 지어 많은 제자를 길러 내고 중국과 일본에서도 학문을 인정받은 대학자였다. 이들의 학문은 후대 학자들에게도 영향을 미쳐 각각 기호학파와 영남학파를 형성했다.

주변 나라에 대한 조선의 대외 관계와 정책

《조선왕조실록》에서는 각 왕의 역사를 기록하는 과정에서 주변국이었던 중국과 일본 등의 상황과 조선의 대외 관계도 서술하고 있다.

먼저 조선과 중국의 관계는 태조 이성계가 조선을 세울 당시 중국에는 원나라가 망하고 명나라가 들어서는 상황이었다. 조선은 강대국인 명나라를 섬기고 우호 정책을 펼치려 했으며 명나라를 통해 새로운 학문과 문물을 받아들였다. 이러한 명나라와의 친선 관계는 후대 왕들에게도 이어져 나라가 위기에 빠질 때마다 도움을 요청할 수 있는 기반이 되었다. 하지만 인조 때에는 명나라와의 관계만 중요하게 여기다가 청나라에서 조선을 침략하는 전쟁이 일어났다. 그 전쟁이 바로 병자호란이다. 이때 조선은 청나라에게 나라를 빼앗기면서 인조가 청나라의 태종에게 무릎을 꿇고 항복하는 치욕을 당했다. 인조의 아들 효종은 훗날 그 치욕을 씻기 위해 북벌 정책을 추진했다.

다음은 조선과 일본의 관계를 들 수 있다. 《조선왕조실록》에는 일본은 조선보다 미개한 곳으로 보아 멀리 했다고 기록되어 있다. 일본은 주로 조선을 침략하는 형태로 등장했다. 구체적으로 태종 때 왜구는 대마도가 조선 땅임에도 불구하고 대마도에 살면서 조선을 침범하고 나라를 어지럽혔다. 그래서 태종과 세종 때에 대마도를 정벌해 15세기까지 일본과 비교적 안정된 관계를 누릴 수 있었다. 하지만 16세기에 들어서면서 명나라의 힘이 약해지고, 전국 통일을 이루어 크게 성장한 일본은 조선을 침략하여 임진왜란을 일으켰다. 《조선왕조실록》에서는 임진왜란이 일어나고 끝나는 과정을 자세히 서술했다. 더불어 임진왜란에서 크게 활약한 이순신 장군과 그의 전술도 자세히 다루었다.

조선 내부의 제도의 변화와 그 특징

《조선왕조실록》에서는 조선 내부의 사정도 자세히 다루었다. 정치, 경제, 군사, 법률 등 여러 방면에서 시행한 제도와 특징도 서술했다. 경제적인 측면에서 보면 조선은 중농주의를 추구한 나라였다. 중농주의란 농사를 중시하는 이념이다. 태조 이성계가 조선을 세울 당시 백성 대부분이 농업에 종사하고 있었으니 농업을 장려할 수밖에 없었다. 고려 시대에는 몇몇 귀족들이 농사지을 땅과 농사짓는 노비를 차지해 부자가 되었다. 그런데 이성계가 토지 조사 사업을 시행해 귀족의 땅을 몰수하고 노비의 신분을 해방하는 정책을 펼쳤다. 그 이후 영·정조의 시대에 이르기까지 중농주의는 조선의 경제를 받치는 이념이 되었다.

그리고 나라를 운영하는 비용을 충당하기 위해 정부는 해마다 백성에게 세금을 거둬들였다. 《조선왕조실록》에 기록된 조선 시대의 세금은 조(토지세), 용(노동력), 조(토산품)를 바치는 세 가지 형태였다. 하지만 세금이 제대로 거둬들이지 않거나 세금을 내지 않는 부정부패가 늘어났다. 그래서 광해군 때에는 세금을 받는 형식을 쌀로 통일하는 대동법을 시행해 숙종 때 전국으로 확대되었다. 대동법은 중농주의에 맞는 정책이며 상품과 화폐의 유통을 넓혀 시장 경제를 활발하게 했다.

법률에서도 조선은 점차 법치 국가의 형태를 갖추어 갔다. 특히 세조는 조선 왕조 통치의 바탕이 되는 《경국대전》을 편찬했고, 성종에 이르러 법치 국가의 기틀을 마련했다. 《경국대전》은 국가 경영의 기틀을 이루는 법전을 6전(이전, 호전, 예전, 병전, 형전, 공전)으로 구성하고, 각 부서의 업무와 왕의 명령을 모아 부서의 업무에 맞게 나누고 정리해서 반포한 책이다. 이로써 조선 사회는 양반 관료 체제를 갖추게 되었고 양반, 중인, 상민, 천민의 계급으로 나뉘었다.

군사력도 계속 정비해 나갔다. 조선은 잦은 대외 전쟁으로 인해 국방을 튼튼히 해야 해서 열여섯 살 이상 예순 살 이하의 모든 남자는 군역을 하게 했다. 지역에 따라 중앙군과 지방군으로 나누어 군대를 편성했고, 지방을 육군과 수군으로 나누었으며 요충지에 방어 체제를 철저히 구축했다.

조선의 문화와 풍속

마지막으로 조선 시대의 문화와 풍속이다. 조선의 국가 이념은 유교이기에 정치적으로나 종교적으로나 유교를 중요하게 생각했다. 조선을 세울 당시 전국 사찰에 많은 땅과 노비가 있었고 승려들은 사치스럽고 부패한 상황이었다. 그래서 태종 때부터 전국 사찰을 10분의 1로 줄이는 제도를 시행하며 불교를 개혁했다. 그리고 점차 성리학을 기반으로 하는 유교 체제를 갖추었다. 하지만 유교는 지나치게 예의와 범절을 따지는 학문이어서 한계가 있었다. 실용적인 학문인 실학이 등장하면서 유교는 점차 세력을 잃어갔다. 특히 영조에 이르러서는 서양의 학문과 기술을 배우려는 움직임이 생기고 서양의 새로운 종교인 천주교를 받아들이기도 했다.

그리고 조선은 오래 전부터 중국의 영향 아래에 있었기에 문자 또한 중국의 한자를 썼다. 하지만 한자는 사대부들만이 사용할 수 있어서 일반 백성은 소외될 수밖에 없었다. 이를 안타깝게 여긴 세종은 1443년부터 한글을 만들기 시작해 1446년에 완성하고 반포했다. 이로써 세종은 모든 백성이 소통할 수 있게 했고 우리 민족의 고유한 문자를 만들어 민족 문화를 꽃 피울 기반을 마련했다. 이 밖에도 세종은 백성을 가르칠 목적으로 전통 음악을 확립했으며 자연재해 피해를 줄이기 위해 천문학을 장려했다.

❋《조선왕조실록》에 대해 더 알아볼 것

《조선왕조실록》에는 앞서 말한 기본 특징 외에 중요한 역사 사건도 서술되어 있다. 정치적 소용돌이 속에서 일어난 중요한 사건과 개념, 그리고 민심과 민중의 반란도 기록되어 있다.

《조선왕조실록》에 나타난 역사적 사건과 중요한 개념들

《조선왕조실록》에는 오늘날 우리에게도 인상 깊은 역사를 담고 있다. 그중 중요한 개념을 몇가지 살펴보고자 한다.

먼저 사화를 들 수 있다. 사화란 왕이 자신의 권력을 이용해 많은 신하를 죽인 사건을 말한다. 연산군 때에는 두 번의 사화가 일어났는데, 첫 번째는 무오사화이다. 세조와 성종 때 중앙으로 진출해 크게 성장한 사림파가 대신들과 갈등을 일으키자, 연산군이 이들을 왕권을 위협하는 존재라고 생각해 모두 없애 버린 사건이다. 1498년 무오년에 일어나서 무오사화라고 한다. 두 번째 갑자사화는 1504년 갑자년에 일어난 사화로, 연산군이 공신들의 재산을 빼앗아 나라의 재정을 메우려는 데서 발생했다. 그런데 연산군이 자신의 어머니가 죽을 때 조금이라도 관여했던 사람들을 모두 죽인 사건으로 알려져 있다. 이처럼 조선 시대에는 왕을 비롯한 집권층들이 자신의 권력을 유지하기 위해 많은 사람을 죽이는 행위를 서슴치 않았다.

다음은 단종 복위 운동과 사육신에 관한 것이다. 앞에서 살펴본 대로 단종은 열두 살에 왕위에 올라 자신의 숙부인 수양 대군에게 왕위를 빼앗긴 비운의 왕이었다. 당시 왕위는 하늘이 내려주는 자리라고 생각해서 왕이 죽지 않는 이상 그 자리를 빼앗는 일은 있을 수 없었다. 그래서 몇몇 신하가 단종을 왕으로 복귀시키기 위한 사건이 있었는데, 그 일이 바로 단종 복위 운동이다. 이 계획은 결국 발각되었고, 그중 몇몇은 죽임을 당하고 몇몇은 벼슬을 잃었다. 그때 죽은 여섯 명의 신하를 사육신이라 하고, 벼슬을 버리고 살아남은 신하를 생육신이라 한다.

《조선왕조실록》에 나타난 민심과 민중의 반란

《조선왕조실록》에서는 자연재해나 주변 나라와의 전쟁으로 나라가 살기 어려워질 때 백성이 어떤 생각을 품고 있었는지도 기록했다. 그것을 바로 민심이라고 하는데, 민심이 악화된 이유는 다음 두 가지가 대표적이다. 먼저 자연재해로 나라 전체가 먹고 살기 어려운 상황에서 나라에서 많은 세금을 거두어들이거나, 세력가들이 농민의 땅을 빼앗아 민심이 악화된 경우이다. 이런 이유로 백성은 먹고살기가 어려워서 도적이 되었는데 명종 때의 도적 임꺽정이 대표적이다. 백정 출신의 천민으로 도적이 되어 백성을 수탈하는 세력에 저항한 인물이다. 그를 따르는 세력이 전국적으로 늘어났는데 당시에 얼마나 어려운 상황이었는지를 보여 주는 대목이다.

다음은 정부 제도에 대한 불만이 쌓여 민심이 악화된 경우이다. 그 예로 홍경래의 난을 들 수 있는데, 홍경래는 당시 정치에서 소외된 평안도 출신으로 이에 불만을 품은 무리를 모아 전쟁을 준비했다. 그를 중심으로 한 반란군은 정부에 의해 진압되었다. 그런데 다른 지역에서도 계속해서 반란이 일어난 것을 보면 당시 나라의 기틀이 얼마나 흔들리고 있었는지 짐작된다.

《조선왕조실록》에서 무엇을 얻을 수 있을까?

지금까지 살펴본 것처럼 조선의 왕들을 중심으로 역사를 기록한 《조선왕조실록》은 정치, 경제, 군사, 외교, 문화, 풍속 등 여러 방면에서 역사의 현장을 살펴볼 수 있는 중요한 자료이다. 역사를 다루고 있는 범위나, 현재 남아 있는 실록의 규모를 보아도 다른 나라에 뒤지지 않는 세계적인 보물이다.

《조선왕조실록》은 후대의 왕에 의해 전대 왕의 역사가 기록된 역사책이다. 후대 왕들은 사실을 바탕으로 체계적인 과정을 거쳐 전대 왕의 역사를 기록하고자 했다. 역사는 과거의 사실에 그치지 않고 어떤 식으로든 자신의 삶에 끊임없이 영향을 준다고 보았기 때문이다. 이는 우리에게도 마찬가지이다. 《조선왕조실록》은 과거 사실의 기록이 아니라 우리 삶에 영향을 주고 살아 숨쉬는 생활 현장이다.

    우리는 시대는 다르지만 구체적인 삶의 현장과 인간의 삶을 다루고 있는 역사를 통해 우리가 나아가야 할 방향을 찾을 수 있다. 그것이 바로 역사책을 읽는 이유이다. 그러니 《조선왕조실록》을 읽으면서 우리 삶과 사회를 되돌아보고 우리가 걸어가야 할 미래를 비춰 보자.

한국고전문학 읽기 ㊹
조선왕조실록 1

1판 1쇄 발행 | 2015. 12. 4.
1판 3쇄 발행 | 2021. 4. 1.

전윤호 글 | 경혜원 그림

발행처 김영사 | **발행인** 고세규
등록번호 제 406-2003-036호 | **등록일자** 1979. 5. 17.
주소 경기도 파주시 문발로 197(우10881)
전화 마케팅부 031-955-3100 | 편집부 031-955-3113~20 | 팩스 031-955-3111

값은 표지에 있습니다.
ISBN 978-89-349-7268-6 74810
ISBN 978-89-349-5672-3(세트)

좋은 독자가 좋은 책을 만듭니다. 김영사는 독자 여러분의 의견에 항상 귀 기울이고 있습니다.
전자우편 book@gimmyoung.com | 홈페이지 www.gimmyoungjr.com

어린이제품 안전특별법에 의한 표시사항

제품명 도서 제조년월일 2021년 4월 1일 제조사명 김영사 주소 10881 경기도 파주시 문발로 197
전화번호 031-955-3100 제조국명 대한민국 ⚠주의 책 모서리에 찍히거나 책장에 베이지 않게 조심하세요.